PUBLICATIONS DE LA SECTION HISTORIQUE DU MAROC

LES SOURCES INÉDITES DE L'HISTOIRE DU MAROC

PAR

LE Lt-COLONEL H. DE CASTRIES

PREMIÈRE SÉRIE — DYNASTIE SAADIENNE

ARCHIVES ET BIBLIOTHÈQUES DE FRANCE

BIBLIOGRAPHIE ET INDEX GÉNÉRAL

PARIS
PAUL GEUTHNER
13, RUE JACOB, 13
1926

LES

SOURCES INÉDITES

DE

L'HISTOIRE DU MAROC

PREMIÈRE SÉRIE — DYNASTIE SAADIENNE

COLLECTION DE LETTRES, DOCUMENTS ET MÉMOIRES

FRANCE

PUBLICATIONS DE LA SECTION HISTORIQUE DU MAROC

LES SOURCES INÉDITES DE L'HISTOIRE DU MAROC

PAR

LE Lt-COLONEL H. DE CASTRIES

PREMIÈRE SÉRIE — DYNASTIE SAADIENNE

ARCHIVES ET BIBLIOTHÈQUES DE FRANCE

BIBLIOGRAPHIE ET INDEX GÉNÉRAL

PARIS
PAUL GEUTHNER
13, RUE JACOB, 13
1926

GÉNÉALOGIE DES PRINCES DE LA DYNASTIE SAADIENNE[1]

B. — Dans ce tableau ne figurent que les princes ayant marqué dans l'histoire. Ceux qui ont régné ont leurs noms imprimés en marge.

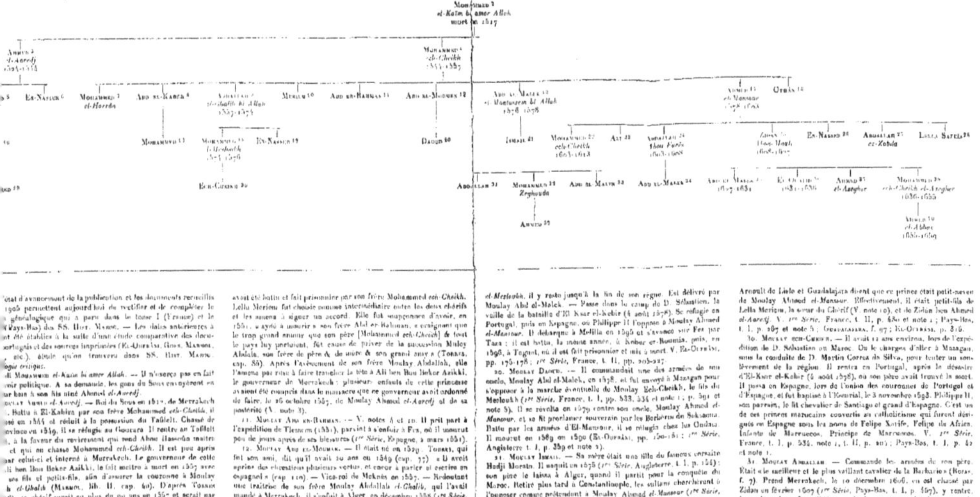

'état d'avancement de la publication et les documents recueillis 1905 permettent aujourd'hui de rectifier et de compléter le généalogique qui a paru dans le tome I (France) et le (Pays-Bas) des SS. Hist. Maroc. — Les dates antérieures à nt été établies à la suite d'une étude comparative des docu- portugais et des sources imprimées (El-Oufrâni, Goes, Marmol, etc.), étude qu'on trouvera dans SS. Hist. Maroc. ogie critique.

ali Mohammed el-Kaïm bi amer Allah. — Il n'exerça pas en fait voir politique. A sa demande, les gens du Sous envoyèrent en ur bon à son fils aîné Ahmed el-Aaredj.

oulay Ahmed el-Aaredj. — Roi du Sous en 1517, de Merrakech . Battu à El-Kabira par son frère Mohammed ech-Cheikh, il osé en 1544 et réduit à la possession du Tafilelt. Chassé de ovince en 1549, il se réfugie au Gourara. Il rentre au Tafilelt , à la faveur du revirement qui rend Abou Hassoûn maître et qui en chasse Mohammed ech-Cheikh. Il est peu après par celui-ci et interné à Merrakech. Le gouverneur de cette li ben Bou Beker Azikki, le fait mettre à mort en 1557 avec ses fils et petits-fils, afin d'assurer la couronne à Moulay h el-Ghalib (Marmol, lib. II, cap. 40). D'après Torres 8), ce chérif aurait eu plus de 90 ans en 1557 et serait par ent né avant 1467, tandis que les el-Qadri, cité par âni (p. 36), place sa naissance en 1486.

oulay Mohammed ech-Cheikh. — Vizir en 1512, roi du Sous , de Merrakech en 1544, prend Fez au souverain merinide et tout le Maroc en 1549. D'une de ses femmes il eut ed el-Harrân, Abd el-Kader, Abdallah el-Ghalib et Lella (Torres, cap. 107). D'une autre, nommée Sahaba ania (El-Oufrâni, pp. 105, 109), il eut Abd el-Moumen et alek ; de Lella Messaouda il eut Ahmed el-Mansour (Ibidem, Il n'eut pas d'enfants de Dª Mencia, la fille de D. Gutierre de , capitaine de Sª Cruz, qu'il avait épousée en 1541, non plus Lella Lou, la fille du roi merinide, qu'il épousa en 1549, sous de Fez. Deux autres enfants, Abd er-Rahman et Otman, sus de concubines. Un autre fils, Omar, dont la mère n'est nue, est mentionné par El-Oufrâni (p. 70). Moulay Mohammed surnom royal d'El-Mahdi, en même temps que celui d'Ech- D'après Torres (cap. 106), il avait 86 ans à sa mort, ce t serait né par conséquent en 1471. Aboarda (IV, 34) lui 6 ans en 1549, ce qui le ferait naître en 1473 ; enfin, El-Oufrâni place sa naissance en l'année 1488.

oulay Zidân. — Il avait épousé sa cousine Meriem, fille de Mohammed ech-Cheikh. Marmol, qui le fréquenta, dit que t un grand prince et qui aimoit les chrestiens ». Après la de son père à El-Kabira (juin 1544) et l'entrée à ech de Mohammed ech-Cheikh, il alla à Fez demander du au roi merinide et entra en relations avec Jean III. Il a ensuite au Tafilelt, d'où il sortit en 1548 pour venir Fez assiégée par Mohammed ech-Cheikh, puis, « voyant affaires du roy de Fez n'alloient pas aussi bien qu'il le dési- en retourna au Tafilelt où estoit son père » (Torres, cap. 67). é, ainsi que son frère En-Nasser, en 1554, par ordre de son ohammed ech-Cheikh (Marmol, II, 40). La date de 1553 par El-Oufrâni (p. 44) est erronée.

oulay en-Nasser. — V. note ci-dessus.

oulay Mohammed el-Harrân. — « Il eut la direction des opéra- litaires et toutes les conquêtes faites par son père s'accom- ar ses soins (El-Oufrâni, p. 69). » Est qualifié, dès 1545, roi par les Portugais (1re Série, Portugal, 7 octobre 1545). En rès la captivité d'Ahmed el-Ouattasi et sous le règne d'El- 1545-1547), on le trouve, ainsi que son frère Abd el-Kader, Gharb, où il razzie le pays avec le concours des Kholoth ; il est dans le Sous (Ibidem, 30 mai 1549) ; il en repart en ur conduire une expédition dans le royaume de Tlemcen avec Abd el-Kader et Abdallah et meurt à Fez, au retour, en e 1550 (1re Série, Espagne, 80 octobre 1550).

oulay Abd el-Kader. — Il va soumettre le Tadla en 1545 et a kasba de Fichtala qui tenait pour les Merinides. Il com- n corps de cavalerie à la bataille de l'oued Derna en 1545 , Portugal, 7 octobre 1545). En 1551, lors du retour offensif es sur Tlemcen, il est tué dans un combat (1re Série, Espagne, er 1551).

oulay Abdallah el-Ghalib. — Vice-roi de Fez du vivant de son orres, cap. 86). Il avait 40 ans en 1557 (Ibidem, cap. 112), ce e sa naissance en 1517 ; cette date s'accorde sensiblement avec El-Oufrâni (p. 82). Moulay Abdallah, transgressant l'ordre ral institué par l'auteur de la dynastie saadienne, fit désigner Mohammed el-Mesloukh pour son successeur (Ibidem, p. 118).

ella Meriem. — Cette princesse, qui avait épousé son cousin Zidân (V. note 5), joua un grand rôle, au temps des luttes s premiers chérifs. En 1543, après le combat de l'oued Nefis de Mascarotan (?), apud Marmol, II, 40), où Ahmed el-Aaredj avait été battu et fait prisonnier par son frère Mohammed ech-Cheikh, Lella Meriem fut choisie comme intermédiaire entre les deux chérifs et les amena à signer un accord. Elle fut soupçonnée d'avoir, en 1551, « aydé à mourir » son frère Abd er-Rahman, « craignant que le trop grand amour que son père [Mohammed ech-Cheikh] & tout le pays luy portoient, fût cause de priver de la succession Muley Abdala, son frère de père & de mère & son grand amy » (Torres, cap. 85). Après l'avènement de son frère Moulay Abdallah, elle l'amena par ruse à faire trancher la tête à Ali ben Bou Beker Azikki, le gouverneur de Merrakech : plusieurs enfants de cette princesse avaient été compris dans le massacre que ce gouverneur avait ordonné de faire, le 26 octobre 1557, de Moulay Ahmed el-Aaredj et de sa postérité (V. note 3).

11. Moulay Abd er-Rahman. — V. notes 4 et 10. Il prit part à l'expédition de Tlemcen (1551), parvint à s'enfuir à Fez, où il mourut peu de jours après de ses blessures (1re Série, Espagne, 2 mars 1551).

12. Moulay Abd el-Moumen. — Il était né en 1529. Torres, qui fut son ami, dit qu'il avait 20 ans en 1549 (cap. 77). « Il avoit apprins des chrestiens plusieurs vertus, et encor à parler et escrire en espagnol » (cap. 110). — Vice-roi de Meknès en 1557. — Redoutant une traîtrise de son frère Moulay Abdallah el-Ghalib, qui l'avait mandé à Merrakech, il s'enfuit à Alger, en décembre 1558 (1re Série, Portugal, 10 janvier 1559), où il fut bien accueilli par Hassan Pacha, qui lui donna une de ses filles en mariage et l'envoya comme gouverneur à Tlemcen (Torres, cap. 110). Il périt vers 1567, assassiné dans une mosquée par les émissaires de son neveu Moulay Mohammed el-Mesloukh, alors vice-roi de Fez (Ibidem, cap. 111).

13. Moulay Abd el-Malek. — Il était né en 1541, ayant, d'après Torres (cap. 91), 12 ans en 1553. A l'avènement de son frère Moulay Abdallah el-Ghalib (1557), il s'enfuit avec son jeune frère Moulay Ahmed el-Mansour à Tlemcen, d'où, au bout de quelque temps, il se rendit à Alger, puis à Constantinople. Il assiste au siège d'Oran, en 1563 (Haedo, lib. V, cap. 3). En janvier 1574, à l'avènement du Mesloukh, il est à Alger, d'où il rejoint, en juillet, la flotte d'Euldj Ali, qui prend La Goulette (13 juillet) et Tunis (13 septembre). Sa mère, Sahaba er-Rahmania, informée la première de ces victoires par un message de son fils, va en porter la nouvelle au sultan, qui, en récompense, lui promet d'appuyer Abd el-Malek dans ses revendications sur le Maroc. Revenu de Constantinople à Alger, il part avec des troupes turques à la conquête de son royaume. Il est vainqueur à Er-Roken, le 8 mars 1576, à Khandok er-Rihan, le 9 juillet, et entre à Merrakech, le 16 du même mois (El-Oufrâni, pp. 105-113 ; 1re Série, Angleterre, t. I, p. 178 ; El-Kadiri, t. I, p. 378). Moulay Abd el-Malek avait reçu le surnom royal de El-Moatacem bi Allah et celui de El-Ghazi fi sabil Allah.

14. Moulay Ahmed el-Mansour. — Sa mère, Lella Messaouda, femme d'un grand mérite, était originaire des Ouazguita, et sans doute proche parente du vizir Abd el-Aziz ben Saïd el-Mezouari, el-Ouzguiti, appelé familièrement caïd Azzouz et dont la fortune fut grande sous le règne. Le Chérif eut comme concubine une mulâtresse appelée tantôt El-Kheizourân (la liane), tantôt El-Djauher (la perle), dont naquirent Moulay Mohammed ech-Cheikh, Moulay Ali Abou el-Hassen et Moulay Abdallah Abou Farès ; et comme épouse légitime Aïcha bent Abou Beker, appelée Lella Chebânia du nom de la tribu des Chebâna, à laquelle elle appartenait, et qui fut mère de Moulay Zidân. Outre le surnom royal de El-Mansour bi Allah, Moulay Ahmed fut appelé Ed-Dehebi (le Doré), au retour de ses armées du Soudan, à cause des grandes quantités de poudre d'or qui furent rapportées de cette expédition (El-Oufrâni, pp. 293, 309 et 312 ; Es-Sawi, p. 310 ; Rojas, f. 19, et Guadalajara, f. 91).

15. Moulay Otman. — Nommé vice-roi du Sous par son frère Moulay Abdallah el-Ghalib, lors de l'avènement de celui-ci (Torres, cap. 109). Mis à mort par ce prince, en 1558 (El-Oufrâni, p. 92 et 1re Série, Portugal, 23 janvier 1559).

16. Moulay Ali. — Fils de Lella Meriem (V. note 10). Est presque toujours appelé Abou Hassoûn, nom de corroboration du nom d'Ali.

17. Moulay Mohammed. — Vizir de son oncle Moulay Abdallah el-Ghalib. « Ce personnage surpassa les autres ministres par son habileté, sa bienveillance dans la gestion des affaires et son humeur enjouée » (El-Oufrâni, p. 97). Était vice-roi de Fez en 1561, ainsi que l'établit une lettre de lui adressée à Charles IX et datée du 18-27 mars 1561 (1re Série, France, t. III, pp. 740-748. — Le titre du Doc. 3 doit être modifié ; les notes 1, p. 740 et 4, p. 748, sont à annuler). Ce prince mourut le 23 décembre 1567 (El-Oufrâni, p. 99). — Marmol (II, 40) et Torres (cap. 109) disent que Moulay Mohammed fut vice-roi de Meknès ; mais le document cité plus haut est un témoignage formel. C'est Abd el-Moumen qui fut vice-roi de Meknès (V. ci-dessus note 12).

18. Moulay Mohammed el-Mesloukh. — Était fils d'une esclave noire. Son surnom royal était El-Motaouakkel ala Allah.

19. Moulay en-Nasser. — Gouverneur du Tadla, du vivant de son frère. Mis en prison à l'avènement de son frère Moulay Mohammed el-Mesloukh, il y resta jusqu'à la fin de son règne. Est délivré par Moulay Abd el-Malek. — Passe dans le camp de D. Sébastien, la veille de la bataille d'El-Ksar el-Kebir (4 août 1578). Se réfugie en Portugal, puis en Espagne, où Philippe II l'oppose à Moulay Ahmed el-Mansour. Il débarque à Melilla en 1595 et s'avance sur Fez par Taza ; il est battu, la même année, à Kobor er-Roumia, puis, en 1596, à Tagant, où il est fait prisonnier et mis à mort. V. El-Oufrâni, pp. 175-178 ; 1re Série, France, t. II, pp. 205-227.

20. Moulay Daoud. — Il commandait une des armées de son oncle, Moulay Abd el-Malek, en 1578, et fut envoyé à Mazagan pour s'opposer à la marche éventuelle de Moulay Ech-Cheikh, le fils du Mesloukh (1re Série, France, t. I, pp. 533, 534 et note 1 ; p. 591 et note 5). Il se révolta en 1579 contre son oncle, Moulay Ahmed el-Mansour, et se fit proclamer souverain par les Berbères de Soktana. Battu par les armées d'El-Mansour, il se réfugia chez les Oudaïa. Il mourut en 1589 ou 1590 (El-Oufrâni, pp. 150-151 ; 1re Série, Angleterre t. I, p. 359 et note 2).

21. Moulay Ismaïl. — Sa mère était une fille du fameux corsaire Hadji Morato. Il naquit en 1575 (1re Série, Angleterre, t. I, p. 154) ; son père le laissa à Alger, quand il partit pour la conquête du Maroc. Retiré plus tard à Constantinople, les sultans cherchèrent à l'opposer comme prétendant à Moulay Ahmed el-Mansour (1re Série, Dépôts divers, Venise, 28 juin 1589 et 25 novembre 1604 ; De Thou, liv. 129, p. 168).

22. Moulay Mohammed ech-Cheikh el-Mamoun. — Les historiens arabes le désignent rarement par son nom de Mohammed et l'appellent soit El-Mamoûn, soit plus souvent Ech-Cheikh. — Vice-roi de Fez de 1581 à 1603, roi de Fez de 1603 à 1613 ; ne règne pas à Merrakech. Livre Larache aux Espagnols en 1610. — Il est assassiné en 1613.

23. Moulay Ali. — Il naquit vers 1568 et mourut en 1594, du vivant de son père. Dans les documents, il est généralement appelé Bel-Hassen, pour Abou el-Hassen, nom de corroboration du nom d'Ali. Lors du partage de 1584 (El-Oufrâni, p. 176), El-Mansour lui attribua Meknès ; cette répartition fut modifiée peu après : Moulay Zidân reçut Meknès et Moulay Ali eut le Tadla. Ce prince, qui se montrait fort cruel vis-à-vis de ses esclaves chrétiens, périt assassiné (mars 1594) par quelques-uns d'entre eux, qu'il avait contraints d'apostasier et dont il voulait faire des eunuques (1re Série, Angleterre, t. II, 30 août 1594, t. III, 16 octobre 1648 ; Espagne, t. III, 26 mars, 27 août et 13 septembre 1594).

24. Moulay Abdallah Abou Farès. — Il avait pris le surnom royal d'El-Ouatik bi Allah. Il règne à Merrakech de 1603 à 1608 en butte aux attaques continuelles de Moulay Zidân. Dépossédé définitivement en 1608, il se réfugie auprès de Moulay ech-Cheikh. Il est assassiné en 1609 par Moulay Abdallah, le fils de ce dernier (El-Oufrâni, pp. 309-319 ; 1re Série, France, t. II, p. 475).

25. Moulay Zidân. — En rivalité avec ses frères Moulay ech-Cheikh et Moulay Abdallah, il ne régna que très passagèrement à Fez. En 1608, il finit par triompher de ses rivaux à Merrakech, dont il demeure, après la répression de l'insurrection d'Abou Mahalli (1611-1613), le souverain incontesté jusqu'à sa mort.

26. Moulay en-Nasser. — Se trouvait à Merrakech à la mort de son père. Voyant son frère, Abou Farès, proclamé roi dans cette ville, il s'enfuit dans le Deren, réunit des partisans et chercha à se faire proclamer roi du Sous ; mais l'opposition des habitants l'obligea à se retirer de nouveau dans la montagne ; il mourut de la peste en mars 1605 (1re Série, Angleterre, t. II, Relation de Ro. C., 1609).

27. Moulay Abdallah ez-Zobda. — Lors des dernières tentatives de son frère, Moulay Zidân, pour se faire reconnaître à Fez (septembre-octobre 1610), il commandait l'armée de ce prince et fut défait à Ras el-Ma par son neveu Moulay Abdallah ben ech Cheikh (El-Oufrâni, pp. 399-400 ; Guadalajara, f. 116 vº ; Rojas, ff. 50-51 vº). En 1612, Zidân l'envoya dans le Draa pour s'opposer à la marche du prétendant Abou Mahalli ; l'armée chérifienne fut battue et perdit 3000 hommes (El-Oufrâni, p. 337).

28. Lella Saffia. — Elle jouissait d'une grande influence dans l'entourage de son frère Moulay Zidân. Sous le règne de Moulay el-Oualid, elle s'entendit avec les gardes du palais pour le faire assassiner, afin de favoriser l'avènement du Moulay Mohammed ech-Cheikh el-Asegher, le dernier des enfants de Moulay Zidân (1re Série, France, t. II, p. 332 ; Del Puerto, p. 360).

29. Moulay Mohammed. — Pendant les luttes intestines entre les fils d'El-Mansour, il est élu roi de Merrakech par les notables retirés dans le Guilliz, pour être opposé à Moulay Zidân. Il est maître de Merrakech du 3 février au 24 mai 1605. — L'identification de ce prince a donné lieu à plusieurs erreurs ; le prétendant du Guilliz a reçu différents noms et sa filiation a été inexactement donnée. El-Oufrâni l'appelle de son vrai nom Mohammed, mais il en fait un fils d'Abd el-Moumen (V. note 12). Ce même historien cite plus loin un commentaire du Zahret ech-Chemarikh, où ce prétendant est dit appartenir à la descendance d'El-Aaredj, ce qui est exact, mais est appelé Abou Hassoûn [Ali], ce qui était le nom de son père. Arnoult de Lisle et Guadalajara disent que ce prince était petit-neveu de Moulay Ahmed el-Mansour. Effectivement, il était petit-fils de Lella Meriem, la sœur du Chérif (V. note 10), et de Zidân ben Ahmed el-Aaredj. V. 1re Série, France, t. II, p. 480 et note 1 ; Pays-Bas, t. I, p. 267 et note 5 ; Guadalajara, f. 97 ; El-Oufrâni, p. 316.

30. Moulay ech-Cheikh. — Il avait 12 ans environ, lors de l'expédition de D. Sébastien au Maroc. On le chargea d'aller à Mazagan, sous la conduite de D. Martin Correa da Silva, pour tenter un soulèvement de la région. Il rentra en Portugal, après le désastre d'El-Ksar el-Kebir (4 août 1578), où son père avait trouvé la mort. Il passa en Espagne, lors de l'union des couronnes de Portugal et d'Espagne, et fut baptisé à l'Escurial, le 3 novembre 1593. Philippe II, son parrain, le fit chevalier de Santiago et grand d'Espagne. C'est un de ces princes marocains convertis au catholicisme qui furent désignés en Espagne sous les noms de Felipe Xarife, Felipe de Africa, Infante de Marruecos, Principe de Marruecos. V. 1re Série, France, t. I, p. 534, note 1, t. II, p. 201 ; Pays-Bas, t. I, p. 42 et note 1.

31. Moulay Abdallah. — Commande les armées de son père. Était « le meilleur et le plus vaillant cavalier de la Barbarie » (Rojas, f. 7). Prend Merrakech, le 10 décembre 1606, en est chassé par Zidân en février 1607 (1re Série, Pays-Bas, t. I, p. 457), y rentre, le 10 décembre 1607 (Ibidem, p. 470), en est expulsé de nouveau le 25 janvier 1608 (Ibidem et note 1), reprend Fez à Zidân en août 1609 (Ibidem, p. 474 et note 3) ; repousse une tentative de ce prince sur Fez en octobre 1610 (El-Oufrâni, pp. 399-400). A la mort de son père (1613), il se fait proclamer à Fez, mais son autorité ne s'étendit que passagèrement sur cette ville, en proie aux discordes et à l'anarchie (Ibidem, pp. 387-404).

32. Moulay Mohammed Zeghouda. — Se révolte en 1619 contre son frère Abdallah et est, un instant, maître de Fez (El-Oufrâni, p. 393). Occupe en 1628 la kasba de Fez et est assassiné par son cousin Ahmed el-Asegher (Ibidem, p. 404).

33. Moulay Abd el-Malek. — Succède à son frère Moulay Abdallah en 1623, mais son autorité, peu acceptée dans Fez, ne s'étend qu'à une partie du pays. Meurt en 1627 (El-Oufrâni, p. 404).

34. Moulay Abd el-Malek. — Commande les armées de son père Abou Farès en 1605 et 1606, meurt de la peste en 1606 (1re Série, Pays-Bas, t. I, p. 105, note 3 ; p. 146 note 2 et p. 460 ; Guadalajara, ff. 92 vº-93). C'est donc à tort qu'El-Oufrâni (p. 317) parle de ce prince comme vivant encore en 1609.

35. Moulay Abd el-Malek. — Prince dépravé (El-Oufrâni, p. 406 et 1re Série, France, t. III, pp. 377-390). — Il épouse une femme de la tribu des Chebâna ; lutte contre ses frères Moulay el-Oualid et Mohammed ech-Cheikh el-Asegher. Un traité entre lui et Louis XIII fut signé le 17 septembre 1631 (1re Série, France, t. III, pp. 406-417).

36. Moulay el-Oualid. — Était fils d'une « Morisque » chrétienne bannie d'Espagne. A la mort de son père, il cherche à se faire proclamer par les Moriscos de Salé, avec l'appui d'El-Ayachi. Il est trahi, livré à son frère, Moulay Abd el-Malek, et reste en prison jusqu'à la mort de ce dernier. Monté sur le trône, il bâtit la kasba d'Oualidia et projette de faire de ce lieu une résidence royale. — Il conclut un traité avec Louis XIII, le 18 juillet 1635. Il périt en 1636, assassiné par des renégats, à l'instigation de sa tante Lella Safeia (V. note 28 ; Del Puerto, pp. 364-394 ; El-Oufrâni, pp. 406-407 ; 1re Série, France, t. III, pp. 491-494).

37. Moulay Ahmed el-Asegher. — Fait assassiner son cousin Mohammed Zeghouda en 1628 (V. note 32) et s'empare du pouvoir. Emprisonné au Dar el-Makhzen de Fez el-Djedid de 1628 à 1635, il s'évade, déguisé en femme. Les Hyaïna, les Cheraga et autres tribus arabes, qui, par leurs brigandages, exerçaient à Fez un véritable blocus, l'accueillent, le proclament comme chef et il occupe temporairement la ville. Il fait sa soumission à son frère Moulay Mohammed ech-Cheikh el-Asegher en 1638. Est tué dans une fantasia en 1640, « sans avoir réussi à monter sur le trône ». V. 1re Série, Pays-Bas, t. IV, p. 514, note 2 ; El-Oufrâni, p. 404 ; El-Kadiri, t. II, p. 8.

38. Moulay Mohammed ech-Cheikh el-Asegher. — Ne peut s'opposer à la puissance croissante des chefs de la zaouia de Dila. Battu sur l'oued el-Abid, au gué de Bou Akba, le 16 octobre 1638 (1re Série, Angleterre, t. III, janvier 1639, Journal de R. Blake), il se résigne à composer avec eux et maintient avec peine son autorité sur la région de Merrakech (El-Oufrâni, p. 408 et p. 423).

39. Moulay Ahmed. — Prétendant au trône de Fez en 1648, il ne put jamais y exercer son autorité à cause des émeutes continuelles qui troublaient la ville. Le roi d'Espagne Philippe IV fut sollicité d'intervenir en sa faveur (1re Série, Angleterre, t. III, 16 octobre 1648).

40. Moulay Ahmed el-Abbas. — La tribu des Chebâna, dans laquelle, depuis plusieurs générations, les chérifs saadiens avaient coutume de prendre leurs femmes, devenue toute puissante à Merrakech, se révolte, assassine El-Abbas et élève au pouvoir son caïd Abd el-Kerim, connu sous le nom de Karoum el-Hadj, en 1659 (El-Oufrâni, pp. 428-429 ; 1re Série, France, t. III, p. 579, note 8).

BIBLIOGRAPHIE

ABD EL-HALIM (ABOU MOHAMMED SALAH BEN). — *Roudh el-Kartas, histoire des souverains du Maghreb et annales de la ville de Fès*, trad. A. BEAUMIER, Paris, 1860, in-8.

ALBUQUERQUE DA CUNHA (Luiz Maria DO COUTO DE). — *Memorias para a historia da praça de Mazagão... (Academia Real das Sciencias de Lisboa)*, Lisbonne, 1864, in-4.

ALI BEY EL-ABBASSI. — *Voyages d'Ali Bey el-Abbassi en Afrique et en Asie pendant les années 1803, 1804.... 1807*, Paris, 1814, 3 vol. in-8 et atlas.

ANDRADA (Francisco d'), — *Cronica do muyto alto e muyto poderoso rey destes reynos de Portugal dom João III deste nome*, Lisbonne, 1613, in-f°.

ANTAS (Miguel d'). — *Les faux Don Sébastien, étude sur l'histoire de Portugal*, Paris, 1866, in-8.

AUBIGNÉ (Agrippa d'). — *Histoire universelle depuis l'an 1550 jusqu'à l'an 1601*, éd. A. de RUBLE (*Société de l'Histoire de France*), Paris, 1886-1897, 9 vol. in-8.

AUBUSSON (MAGAUD D'). — Cf. MAGAUD D'AUBUSSON.

AVENEL (Denis). — Cf. RICHELIEU.

AVITY (Pierre d'). — Cf. DAVITY.

BARBOSA MACHADO (Diogo). — *Memorias para a historia de Portugal, que comprehendem o governo d'el rey D. Sebastião*, Lisbonne, 1736-1751, 4 vol. in-4.

BARBOSA MACHADO (Diogo). — *Bibliotheca Lusitana historica, critica e chronologica*, Lisbonne, 1741-1759, 4 vol. in-f°.

BEAUMIER. — Cf. ABD EL-HALIM.

BEKRI (ABOU OBEÏD EL-). — *Description de l'Afrique septentrionale*. Texte arabe revu sur 4 mss. par le baron de SLANE, Alger, 1857, in-8. — Trad. française par le même, Paris, 1859, in-8, et rééd., Alger, 1913.

BELLEFOREST (François de). — *La Cosmographie universelle de tout le monde*, Paris, 1575, 2 vol. in-f°.

BERGER DE XIVREY. — Cf. HENRI IV.

BERNARD (Charles). — *Histoire des guerres de Louys XIII, roy de France et de Navarre, contre les religionaires rebelles de son Estat*, s. l. n. d., in-f°.

BERNARDINUS DE SANCTO ANTONIO (le P.). — *Epitome generalium redemptionum captivorum quæ a fratribus Ordinis Sanctæ Trinitatis sunt factæ*, Lisbonne, s. d. [1624], in-4.

BERNARDO DA CRUZ (Fr.). — *Chronica de el rei D. Sebastião...*, *publicada por* A. HERCULANO e o Dr A. C. PAYVA, Lisbonne, 1837, in-8.

BERTHELOT (Sabin). — *Études sur les pêches maritimes dans la Méditerranée et l'Océan*, Paris, 1868, in-8.

BILLON (Jean de). — *Les principes de l'art militaire*, Lyon, 1622, in-8.

BIRAGO AVOGADRO (Giovanni Battista). — *Historia del regno di Portogallo*, Lyon, 1644, in-4.

Blancard (Louis). — *Documents inédits sur le commerce de Marseille au Moyen Age*, Marseille, 1884-1885, 2 vol. in-8.

Bor (Pieter). — *Oorsprongk, begin en vervolgh der Nederlandse oorlogen*, Amsterdam, 1679-1684, 4 vol. in-f°.

Bouche (Honoré). — *La Chorographie ou description de Provence et l'Histoire chronologique de Provence*, Aix, 1664, 2 vol. in-f°.

Braamcamp Freire (Anselmo). — *Libro secundo dos brasões da sala de Cintra* (*Estudos historicos*, t. III), Lisbonne, 1901, in-8.

Bréart (Charles et Paul). — *Documents relatifs à la marine normande et à ses armements aux XVIe et XVIIe siècles*, Rouen, 1889, in-8.

Brémond d'Ars (Vte Güy de). — *Le père de Mme de Rambouillet, Jean de Vivonne ; sa vie et ses ambassades près de Philippe II et à la cour de Rome*, Paris, 1884, in-8.

Briançon (Abbé Robert de). — *L'état de la Provence, contenant ce qu'il y a de plus remarquable dans la police, dans la justice, dans l'Église et dans la noblesse de cette province*, Paris, 1693, 3 vol. in-12.

Briefve et sommaire description de la vie et mort de Dom Antoine..., Paris, 1629, in-12.

Brucker (Jacob). — *Historia critica philosophiæ a mundi incunabulis ad nostram usque ætatem deducta*, Leipzig, 1742-1744, 5 vol. in-4.

Budgett Meakin. — *The Moorish Empire*, Londres, 1899, in-8.

Budgett Meakin. — *The Land of the Moors*, Londres, 1901, in-8.

Busnot (le P. Dominique). — *Histoire du règne de Mouley Ismaël, roy de Maroc, Fez, Tafilet, Souz, etc...*, 2e éd., Rouen, 1731, in-12.

Cabié (Edmond). — *Ambassade en Espagne de Jean Ébrard, seigneur de Saint-Sulpice, de 1562 à 1565, et mission de ce diplomate dans le même pays en 1566*, Albi, 1903, in-8.

Cabrera de Cordoba (Luis). — *Relaciones de las cosas succedidas en la corte de España desde 1599 hasta 1614*, Madrid, 1857, in-4.

Cabrera de Cordoba (Luis). — *Historia de Felipe segundo, rey de España*, Madrid, 1876-1877, 3 vol. in-4.

Caix de Saint-Aymour (Vte Amédée de). — *Recueil des instructions données aux ambassadeurs et ministres de France en Portugal*, Paris, 1886, in-8.

Casaubon (Isaac). — *Isaaci Casauboni epistolæ, insertis ad easdem responsionibus, quotquot hactenus reperiri potuerunt, secundum seriem temporis accurate digestæ*, 3e éd., Rotterdam, 1709, 2 vol. in-f°.

Casiri (Michael). — *Bibliotheca arabico-hispana Escurialensis*, Madrid, 1760-1770, 2 vol. in-f°.

Castellanos (Fr. Manuel P. de). — *Apostolado serafico en Marruecos o sea historia de las misiones franciscanas en aquel imperio desde el siglo XIII hasta nuestros dias*, Madrid, 1896, in-8.

Castellanos (Fr. Manuel P. de). — *Historia de Marruecos*, 3e éd., Tanger, 1898, in-8.

Castries (H. de). — *Notice sur la région de l'oued Draâ* (Extrait du *Bulletin de la Société de Géographie*, 1880).

Castries (H. de). — *Le Maroc d'autrefois, les corsaires de Salé* (*Revue des Deux Mondes*, 15 février 1903).

Castries (H. de). — *Moulay Ismaïl et Jacques II*, Paris, 1903, in-8.

Cat (Édouard). — *Essai sur la province romaine de Maurétanie Césarienne*, Paris, 1891, in-8.

Catherine de Médicis. — *Lettres de Catherine de Médicis*, publiées par le comte Hector de La Ferrière (*Documents inédits*), Paris, 1880-1905, 9 vol. in-4.

Cespedes y Meneses (Gonzalo de). — *Historia del señor Felipe IV, rey de las Españas*, Lisbonne, 1631, in-f°.

Charles IX. — *Lettres à M. de Fourquevaux, ambassadeur en Espagne (1565-1572)*, éditées par Mgr Célestin Douais (*Académie des Sciences et des Lettres de Montpellier, 2e Série*, t. II, n° 1), Montpellier-Paris, 1897, in-8.

Charrière (E.). — *Négociations dans le Levant ou correspondances... des ambassadeurs de France à Constantinople et des ambassadeurs... à Venise, Raguse... et dans les états de Tunis, d'Alger et de Maroc (Documents inédits)*, Paris, 1848-1860, 4 vol. in-4.

Chénier (Louis de). — *Recherches historiques sur les Maures et histoire de l'empire de Maroc*, Paris, 1787, 3 vol. in-8.

Chevalier (Auguste). — *Les végétaux utiles de l'Afrique tropicale française*, Paris, 1905-1916, 9 fasc. in-8.

Chroniques de la Régence d'Alger, traduites d'un manuscrit arabe intitulé *El-Zohrat el-Nayerat* par Alphonse Rousseau, Alger, 1841, in-4.

Cimber (L.) et Danjou (F.). — *Archives curieuses de l'histoire de France depuis Louis XI jusqu'à Louis XVIII*, Paris-Beauvais, 1834-1840, 27 vol. in-8.

Circourt (Albert de). — *Histoire des Mores Mudejares et des Morisques*, Paris, 1846, 3 vol. in-8.

Clèves (Philippe, duc de). — *Instruction de toutes manières de guerroyer, tant par terre que par mer, et des choses y servantes*, Paris, 1558, in-8.

Coelho da Barbuda (Luis). — *Reyes de Portugal y empresas militares de Lusitanos*, Lisbonne, 1624, in-4.

Collaços (Baltasar). — *Commentarios de la fundacion y conquista y toma del Peñon y de lo acaescido a los capitanes de Su Magestad desde el año de 1562 hasta el de 64*, Valence, 1566, in-12.

Colom (Jacob Aertszen). — *De Vuerige Colom, waer de zeen en custen van de Noordsche, Oostersche en Westersche schipvaert claer verlichtet, en de feyten en misslagen van't voorgaende « Licht » of « Spiegel der Zee » naecktelijk verthoont en verbetert werden*, Amsterdam, 1632-1633, 2 vol. in-f°.

Colomiès (Paul). — *Gallia orientalis, sive Gallorum qui linguam hebræam vel alias orientales excoluerunt vitæ*, La Haye, 1665, in-4.

Colomiès (Paul). — *Mélanges historiques*, Orange, 1675, in-12.

Colomiès (Paul). — *Opera theologici, critici et historici argumenti*, édité par Albert Fabricius, Hambourg, 1709, in-4.

Conestaggio (Ieronimo de Franchi). — *Dell' unione del regno di Portogallo alla corona di Castiglia*, Gênes, 1585, in-4 (Le véritable auteur est Juan de Silva).
— *L'union du royaume de Portugal à la couronne de Castille.., prise de l'italien du sieur Hierosme de Franchi Conestaggio...*, par M. Th. Nardin, Besançon, 1596, in-8.

Corbett (Julian S.). — *The Successors of Drake (1596-1603)*, Londres, 1900, in-8.

Corbett (Julian S.). — *England in the Mediterranean, a study of the rise and influence of British power within the Straits (1603-1713)*, Londres, 1904, 2 vol. in-8.

Costa de Beauregard (Mis Joseph-Henri et Mis Charles-Albert). — *Mémoires historiques sur la maison royale de Savoie*, Turin-Grenoble, 1816-1888, 4 vol. in-8.

Cour (Auguste). — *L'établissement des dynasties des chérifs au Maroc et leur rivalité avec les Turcs de la Régence d'Alger (1509-1830)*, Paris, 1904, in-8.

Curio (Cœlius-Augustinus). — *Cœlii Augustini Curionis Sarracenicæ Historiæ*, Francfort, 1596, in-f°.

Da Cunha. — Cf. Albuquerque da Cunha.

Dan (le R. P. Fr. Pierre). — *Histoire de Barbarie et de ses corsaires*, Paris, 1637, in-4, et 1649, in f°.

Dapper (Olfert). — *Naukeurige beschrijvinge der Afrikaensche Gewesten van Egypten, Barbaryen, Lybien, Biledulgerid...*, Amsterdam, 1668, in-f°.

Da Silva (Rebello). — Cf. Rebello da Silva.

Davila. — Voir Gonzales de Avila.

Davity (Pierre), Sgr de Montmarin. — *Description générale de l'Afrique, seconde partie du monde...*, Paris, 1643, in-f°.

Delisle (Léopold). — *Le cabinet des Manuscrits de la Bibliothèque Impériale*, Paris, 1868-1881, 4 vol. in-4.

Delisle (Léopold). — *Inventaire abrégé de la collection Dupuy*, s. l. n. d., in-8.

Del Puerto (Fr. Francisco de San Juan). — *Mission historial de Marruecos*, Séville, 1708, in-f°.

Depping (G.-B.). — *Histoire du commerce entre le Levant et l'Europe depuis les croisades jusqu'à la fondation des colonies d'Amérique*, Paris, 1830, 2 vol. in-8.

Deschamps (Léon). — *De Rasiliis, Gabriele, Isaac et Claudio prænominatis, Richelii adjutoribus*. Paris, 1898, in-8.

Deslandres (Paul). — *L'ordre des Trinitaires pour le rachat des captifs*, Paris, 1903, 2 vol. in-8.

Desroches. — *Dictionnaire des termes propres de marine*, Paris, 1687, in-8.

Dillingham (William). — Cf. Vere.

Do Couto. — Cf. Albuquerque da Cunha.

Douais (Mgr Célestin). — Cf. Charles IX.

Doutté (Edmond). — *Notes sur l'Islam maghrebin. Les Marabouts* (Extrait de la *Revue de l'Histoire des Religions*), Paris, 1900, in-8.

Doutté (Edmond). — *Merrakech*, Paris, 1905, in-8.

Doutté (Edmond). — *Magie et Religion dans l'Afrique du Nord*, Alger, 1909, in-8.

Dozy (R.-P.-A.). — *Dictionnaire détaillé des noms de vêtements chez les Arabes*, Amsterdam, 1845, in-8.

Du Breuil (le R. P. Fr. Jacques). — *Le Théâtre des Antiquitez de Paris*, Paris, 1612, in-4.

Dugat (Gustave). — *Histoire des Orientalistes de l'Europe du XIIe au XIXe s.*, Paris, 1868, 2 vol. in-16.

Duro (Cesareo Fernandez). — *Armada Española*, Madrid, 1895-1903, 9 vol. in-8.

Du Tertre (le P. Jean-Baptiste). — *Histoire générale des Antilles habitées par les Français*, Paris, 1667-1671, 3 vol. in-4.

Du Val (Guillaume). — *Le Collège royal de France*, Paris, 1645, in-4.

Du Val (Jean-Baptiste). — *Dictionarium latino-arabicum Davidis regis*, Paris, 1632, in-4.

Edrisi. — *Géographie*, traduction A. Jaubert (*Recueil de Voyages et de Mémoires*, publié par la *Société de Géographie*) Paris, 1836-1840, 2 vol. in-4.

Eguilaz y Yanguas (Leopoldo de). — *Glosario etimologico de las palabras españolas de origen oriental*, Grenade, 1886, in-4.

El-Bekri. — Cf. Bekri (El-).

Erpenius (Thomas Van Erpen, dit). — *Grammatica arabica*, Leyde, 1613, in-4.

Erpenius (Thomas Van Erpen, dit). — *Thomæ Erpenii orationes tres de linguarum ebreæ atque arabicæ dignitate*, Leyde, 1621, in-12.

Escallon (Vicente). — *Origen y descendencia de los serenissimos reyes Benimerines, señores de Africa, hasta la persona de D. Gaspar Benimerin, infanzon de Fez*, Naples, 1606, in-4.

Fagniez (Gustave). — *Le P. Joseph et Richelieu (1577-1638)*, Paris, 1894, 2 vol. in-8.

Falgairolle (Edmond). — *Le chevalier de Seure, ambassadeur de France en Portugal au XVIe s.* (*Mémoires de l'Académie de Nîmes*, 1895), Paris, 1896, in-8.

Faria y Sousa (Manuel de). — *Africa Portuguesa*, Lisbonne, 1681, in-f°.

Félibien (Dom Michel). — *Histoire de l'abbaye royale de Saint-Denys en France*, Paris, 1706, in-f°.

Flotte de Roquevaire (R. de). — *Carte du Maroc à l'échelle du 1 000 000e*. — *Notice et index bibliographique*, Paris, 1904, in-8.

Forneron (H.). — *Histoire de Philippe II*, Paris, 1881-1882, 4 vol. in-8.

Foucauld (Ch. de). — *Voyage au Maroc par M. de Foucauld* (*Comptes rendus de la Société de Géographie*, 1884).

Foucauld (Ch. de). — *Reconnaissance au Maroc, 1883-1884*, Paris, 1888, 1 vol. et 1 atlas in-4.

Foucques (le cap[ne]). — *Mémoire portant sur plusieurs avertissemens presentez au Roy...*, Paris, 1609, et *Archives curieuses de l'histoire de France* (2e série, t. XV).

Franchi Conestaggio (Ieronimo de). — Cf. Conestaggio.

FRANCISQUE-MICHEL (R.). — *Les Portugais en France, les Français en Portugal*, Paris, 1882, in-8.

FRÉJUS (Roland). — *Relation d'un voyage fait dans la Mauritanie, en Affrique... en l'année 1666...*, Paris, 1670, in-12, et *SS. Hist. M.*, *2e Série*, France, t. I.

FUMEY (Eugène). — Cf. NASSIRI ES-SLAOUI (EN-).

GALINDO Y DE VERA (Leon). — *Memoria historica de las posesiones Hispano-Africanas ; historia, vicisitudes y politica tradicional de España respecto de sus posesiones en las costas de Africa*, Madrid, 1884, in-4.

GAUFRETEAU (Abbé Jean de). — *Chronique bordelaise*, publiée par Jean DELPIT, Bordeaux, 1876-1878, 2 vol. in-8.

GAUFRIDI (Jean-François de). — *Histoire de la Provence*, Aix, 1694, 2 vol. in-f°.

GENTIL (Louis). — *Mission de Segonzac. Dans le Bled es-Siba, explorations au Maroc*, Paris, 1906, in-4.

GERMAIN (Alexandre-Charles). — *Histoire du commerce de Montpellier antérieurement à l'ouverture du port de Cette*, Montpellier, 1861, 2 vol. in-8.

GIOVIO (Paolo). — *Histoires de Paolo Jovio sur les choses faictes et avenues dans son temps en toutes les parties du monde, traduites du latin en françois par le seigneur Du Parq*, Lyon, 1552, in-f°.

GODARD (Léon). — *Description et histoire du Maroc.....*, Paris, 1860, 1 vol. in-8.

GOES (Damião de). — *Chronica do felicissimo rei Dom Emmanuel*, Lisbonne, 1566-1567, 4 vol. in-f°.

GONTAUT (J. de), baron de SALAGNAC. — *Ambassade en Turquie, correspondance diplomatique*, éditée par le comte Théodore de GONTAUT-BIRON (*Archives historiques de la Gascogne*, fasc. XIX), Paris, 1889, in-8.

GONZALES DE AVILA (Gil). — *Monarquia de España, historia de la vida y hechos del inclito monarca... Felipe tercero* (t. III de la *Monarquia de España* de SALAZAR DE MENDOZA, Madrid, 1771, 3 vol. in-f°).

GOSSELIN (E.). — *Documents authentiques et inédits pour servir à l'histoire de la marine normande et du commerce rouennais pendant les XVIe et XVIIe siècles*, Rouen, 1876, in-8.

GOUJET (Abbé Claude-Pierre). — *Mémoire historique et littéraire sur le Collège royal de France*, Paris, 1758, 1 vol. in-4 ou 3 vol. in-12.

GOULART (Simon). — *Histoire de Portugal... sous Emmanuel Ier, Jean III et Sébastien Ier du nom, comprinse en vingt livres, dont les douze premiers sont traduits d'Osorius, les huict suyvans pris de Lopez Castagnède, mis en lumière par S. G. S.*, 2e éd., Paris, 1587, in-8.

GRAMAYE (Johannes-Baptista). — *Africæ illustratæ libri decem, in quibus Barbaria gentesque ejus ut olim et nunc describuntur*, Tournay, 1622, in-4.

GRAMMONT (H. D. de). — *Histoire d'Alger sous la domination turque*, Paris, 1887, in-8.

GRAMMONT (H. D. de). — Cf. HAËDO.

GRAULLE ET MAILLARD. — Cf. KADIRI (EL-).

GRENAILLE (François de). — Cf. VILLAREAL.

[GRENAILLE (François de)]. — *Le Mercure portugois ou relations politiques de la fameuse révolution d'estat arrivée en Portugal depuis la mort de D. Sébastien jusques au couronnement de D. Jean IV*, Paris, 1643, in-8.

GUADALAJARA Y XAVIER (Marcos de). — *Prodicion y destierro de los Moriscos de Castilla hasta el valle de Ricote, con las disensiones de los hermanos Xarifes, y presa en Berberia de la fuerza y puerto de Alarache*, Pampelune, 1614, in-4.

GUBERNATIS (Dominicus de). — *Orbis seraphicus. Historia de tribus ordinibus a seraphico patriarcha Sancto Francisco institutis*, Rome, 1682-1685, 4 vol. in-f°.

GUICHENON (Samuel). — *Histoire de Bresse et de Bugey*, Lyon, 1650, in-f°.

GUIGNES (Joseph de). — *Essai historique sur l'origine des caractères orientaux de l'Imprimerie Royale* (*Notices et extraits des MSS. de la Bibliothèque du Roy*), Paris, 1787, in-4.

Guilbert (Aristide). — *De la colonisation du Nord de l'Afrique*, Paris, 1839, in-8.

Haëdo (Fray Diego de). — *Epitome de los reyes de Argel (Topographia e Historia general de Argel*, T. II), Valladolid, 1612, in-f°. — Trad. H. D. de Grammont, *Histoire des rois d'Alger*, Alger, 1881, in-8.

Hakluyt (Richard). — *The Principal Navigations, Voyages, Traffiques and Discoveries of the English Nation.....*, Londres, 1598-1600, 3 vol. in-f°.

Hammer (de). — *Histoire de l'empire ottoman depuis son origine jusqu'à nos jours*, traduite de l'allemand sur la 2ᵉ éd. par M. Dochez, Paris, 1844, 3 vol. in-8.

Hanzelet (Jean Appier, dit). — *La Pyrotechnie de Hanzelet, lorrain*, Pont-à-Mousson, 1630, in-4.

Henri IV. — *Recueil des lettres missives de Henri IV*, publié par M. Berger de Xivrey (*Documents inédits*), Paris, 1843-1876, 9 vol. in-4.

Herculano (A.). — Cf. Souza (Luiz de).

Herrera (Antonio de) — *Historia general del mundo*, Madrid, 1601-1603, 3 vol. in-f°.

Heulhard (Arthur). — *Villegagnon, roi d'Amérique. Un homme de mer au XVIᵉ s. (1510-1572)*, Paris, 1897, in-f°.

Heyd (W.). — *Histoire du commerce du Levant au Moyen Age*, trad. de l'allemand par Furcy-Raynaud, Paris, 1885, 2 vol. in-8.

Histoire de l'ordre de Notre-Dame de la Mercy institué pour la Rédemption des captifs....., Paris, 1641.

Hoest (Georg). — *Efterretninger om Marokos og Fes*, Copenhague, 1779, in-4.

Houdas (O.). — *Précis de grammaire arabe*, Paris, 1897, in-8.

Houdas (O.). — Cf. Oufrâni (El-), Sadi (Es-) et Zaïani (Ez-).

Hurtado de Mendoza (Diego). — *Guerra de Granada hecha por el rei de España Don Phelippe II contra los Moriscos*, Lisbonne, 1627, in-4.

Ibn el-Beithar (Abou Mohammed Abdallah ben Ahmed el-Malaqi). — *Traité des simples*, éd. L. Leclerc, Paris, 1877-1883, 3 vol. in-4.

Ibn Khaldoûn (Abou Zeïd Abd er-Rahman). — *Prolégomènes*, trad. Mac Guckin de Slane, Paris, 1863-1868, 3 vol. in-4.

Ibn Khaldoûn (Abou Zeïd Abd er-Rahman). — *Histoire des Berbères et des dynasties musulmanes de l'Afrique septentrionale*, texte arabe publié par le baron de Slane, Alger, 1847, 2 vol. in-4. — Trad. française par le même, Alger, 1852-1856, 4 vol. in-8.

Jacqueton (Gilbert). — *Documents marocains* (Extr. de la *Revue Africaine*), Alger, 1894, in-8.

Jacqueton (Gilbert). — *Les archives espagnoles du gouvernement général de l'Algérie, histoire du fonds et inventaire*, Alger, 1894, in-8.

Jaubert (A.). — Cf. Edrisi.

Jeannin (Pierre). — *Négociations et œuvres de M. le président Jeannin*, éditées par l'abbé Jeannin de Castille, Paris, 1656, in-f°.

Juan Bautista (Fr.). — *Chronica de la vida y admirables hechos del muy alto y muy poderoso señor Muley Abd el-Melech, emperador de Marruecos y rey de los reynos de Féez, Mequines y Sus, y del victoriosissimo sucesso en la restauracion de todos ellos...*, s. l., 1577, in-4.

Kadiri (El-). — *Nachr al-Mathâni*, traduction Graulle et Maillard (*Archives Marocaines*), Paris, 1913-1917, 2 vol.

Kaïrouani (Mohammed ben Abi el-Raïni el-). — *Histoire de l'Afrique*, traduite de l'arabe par MM. E. Pellissier et Rémusat (*Exploration scientifique de l'Algérie*), 1845, in-4.

Labat (Gustave). — *Documents sur la ville de Royan et la tour de Cordouan*, Bordeaux, 1884-1901, 5 vol. in-4.

La Ferrière (Comte Hector de). — Cf. Catherine de Médicis.

Lalanne (Ludovic). — Ed. *Journal d'un bourgeois de Paris sous le règne de François Iᵉʳ (Société de l'Histoire de France)*, Paris, 1854, in-8.

LATOMY (le R. P. Frère Jean de). — *Histoire de la fondation de l'ordre Nostre-Dame de la Mercy pour la Rédemption des captifs*, Paris, 1618, in-12.

LEA (Henry Charles). — *The Moriscos of Spain, their Conversion and Expulsion*, Philadelphie, 1901, in-8.

LE BLANC (Vincent). — *Les voyages fameux du sieur Vincent Le Blanc, marseillois, qu'il a faits depuis l'âge de douze ans jusques à soixante aux quatre parties du monde..., le tout recueilly par le sieur* COULON, Paris, 1648, in-4.

LE GENDRE (Philippe). — *Histoire de la persécution faite à l'église de Rouen*, Rotterdam, 1704, in-8, et rééd. par Émile LESENS.

[LE GENDRE (Thomas)]. — Cf. *Lettre escritte...*

LE MAIRE (François). — *Histoire et antiquités de la ville et duché d'Orléans*, Orléans, 1645, in-4.

LENGLET DU FRESNOY (l'abbé). — *Méthode pour étudier l'histoire*, 4e éd., Paris, 1729, 4 vol. in-4.

LÉON L'AFRICAIN. — *Della descrittione dell' Africa et delle cose notabili che ivi sono*, éd. par RAMUSIO, *Raccolta della Navigationi e Viaggi*, t. I, Venise, 1550, in-f°. — Cf. TEMPORAL.

LESENS (Émile). — Cf. LE GENDRE (Philippe).

*Lettre escritte en responsé de diverses questions curieuses sur les parties de l'Afrique où règne aujourd'huy Muley Arxid, roy de Tafilete, par Monsieur***, qui a demeuré 25 ans dans la Mauritanie*, Paris, 1670, in-16.

LEYDEN (Dr John) et MURRAY (Hugh). — *Historical Account of Discoveries and Travels in Africa*, by the late John LEYDEN, enlarged and completed... by Hugh MURRAY, Édimbourg, 1817, 2 vol. in-8.

MAGAUD D'AUBUSSON. — *La fauconnerie au Moyen Age et dans les temps modernes*, Paris, 1879, in-8.

MANUEL DOS SANTOS (Fr.). — *Historia sebastica, contem a vida do augusto principe o senhor D. Sebastião, rei de Portugal*, Lisbonne, 1735, in-f°.

MARCELLINO DA CIVEZZA (Le P.). — *Storia universale delle missioni francescane*, Rome, 1866-1895, 11 vol. in-8.

MARCOS DE LISBOA (Fr.). — *Chronicas da ordem dos Frades Menores*, Lisbonne, 1557 et 1562, 2 vol. in-f°.

MARIANA (Juan de). — *Historia general de España, con la continuacion de* MINIANA, Valence, 1830-1841, 18 vol. in-8.

MARKUSSEN (J. Ambr.). — Cf. SCHOUSBOE (Peder).

MARMOL CARVAJAL (Luis del). — *Descripcion general de Affrica, con todos los successos de guerras que a avido entre los infideles y el pueblo christiano... hasta el anno del Señor mil y quinientos y setenta y uno*, Grenade et Malaga, 1573 et 1599, 3 vol. in-f°. — Traduction PERROT D'ABLANCOURT, Paris, 1667, 3 vol. in-4.

MARSAND (Antoine). — *I manoscritti italiani della regia biblioteca parigina*, Paris, 1835-1838, 2 vol. in-4.

MAS-LATRIE (Comte de). — *Relations et commerce de l'Afrique septentrionale ou Maghreb avec les nations chrétiennes au Moyen Age*, Paris, 1886, in-12.

MASSIGNON (Louis). — *Le Maroc dans les premières années du XVIe s., tableau géographique d'après Léon l'Africain (Mémoires de la Société historique algérienne)*, Alger, 1906, in-8.

MASSON (Paul). — *Histoire des établissements et du commerce français dans le Levant au XVIIe siècle*, Paris, 1896, in-8.

MASSON (Paul). — *Histoire des établissements et du commerce français dans l'Afrique Barbaresque (1560-1793), Algérie, Tunisie, Tripolitaine, Maroc*, Paris, 1903, in-8.

MAUSSAC (Philippe-Jacques de). — *Philippi Jacobi Maussacie mendationes et notæ in Plutarchi libellum περὶ ποταμῶν* (à la suite de l'éd. de PLUTARQUE, *Libellus de fluviorum et montium nominibus*), Toulouse, 1615, in-8.

MAWERDI (EL-). — *El-Ahkâm es-Soulthânîya, traité de droit public musulman*, traduit et annoté d'après les sources orientales par

le comte Léon Ostrorog, Paris, 1901-1905, 2 vol. in-8.

Mazzatinti. — *Inventario dei manoscritti italiani delle biblioteche di Francia*, Florence, 1886-1888, 3 vol. in-8.

Mendoça (Hieronymo de). — *Jornada de Africa*, Lisbonne, 1607, in-4, et 1785, in-8.

Mendonça (Agostinho de Gavy de). — *Historia do famoso cerco que o Xarife pos a fortaleça de Mazagam, defendida pello valeroso capitan mor della Alvaro de Carvalho,... no anno de 1562*, Lisbonne, 1607, in-4.

Mendoza (Diego Hurtado de). — Cf. Hurtado de Mendoza.

Menezes (D. Fernando de), comte d'Ericeira. — *Historia de Tangere*, Lisbonne, 1732, in-f°.

Menezes (Don Luiz de), comte d'Ericeira. — *Historia de Portugal restaurado*, Lisbonne, 1679-1698, 2 vol. in-f°.

Menezes (D. Manoel de). — *Chronica do muito alto... rei D. Sebastião*, Lisbonne, 1730, in-f°.

Mercator. — *Tabulæ geographicæ ad mentem Ptolemæi restitutæ et emendatæ*, Cologne, 1578, in-f°.

Mercure portugois (le). — Cf. Grenaille.

Mesa (Sebastian de). — *Jornada de Africa, por el rey Don Sebastian y union del reyno de Portugal a la corona de Castilla*, Barcelone, 1630, in-4.

Miniana. — Cf. Mariana.

Miroir (le) de la charité chrétienne ou relation du voyage que les Religieux de N.-D. de la Mercy ont fait l'année dernière en la ville d'Alger, Aix, 1663, in-16.

Mocquet (Jean). — *Voyages en Afrique, Asie, Indes orientales et occidentales*, Paris, 1617, 1647 et 1830, in-8.

Morgan (J.). — *Histoire des États barbaresques qui exercent la piraterie...*, Paris, 1757, 2 vol. in-12.

Mouette (G.). — *Histoire des conquêtes de Mouley Archy, connu sous le nom de roy de Tafilet, et de Mouley Ismaël...*, Paris, 1683, in-12, et *SS. Hist. M.*, 2e *Série*, France, t. II.

Muller (M.-J.). — *Beitræge zur Geschichte der westlichen Araber*, Munich, 1866-1878, in-8.

Nardin (Th.). — Cf. Conestaggio (Ieronimo de Franchi).

Nassiri es-Slaoui (Ahmed ben Khaled en-). — *Kitâb el-Istiqsâ*. — *4e partie, Chronique de la dynastie alaouie du Maroc (1631 à 1894)*, traduite par Eugène Fumey (*Archives Marocaines*), Paris, 1906-1907, 2 vol. in-8.

Niceron (le père). — *Mémoires pour servir à l'histoire des hommes illustres dans la république des lettres*, 1727-1745, 43 vol. in-12.

Onosander. — Cf. Vigenère.

Osorius (Hieronymus). — *De rebus Emmanuelis regis Lusitaniæ*, Cologne, 1571, in-f°. — Cf. Goulart (Simon).

Ostrorog (comte Léon). — Cf. Mawerdi (El-).

Oufrâni (El-). — *Nozhet el-Hadi. Histoire de la dynastie saadienne au Maroc (1511-1670)*, trad. O. Houdas, Paris, 1889, in-8.

Paiva Manso (Visconde de). — *Historia ecclesiastica ultramarina*, Lisbonne, 1872 et ss., 16 vol. in-8.

Paris (L.). — *Négociations, lettres et pièces diverses relatives au règne de François II, tirées du portefeuille de Sébastien de Laubespine (Documents inédits)*, Paris, 1861, in-4.

Pellissier et Rémusat. — Cf. Kaïrouani (El-).

Pereira Bayão (Jozé). — *Portugal cuidadoso e lastimado, com a vida e perda do senhor rey Dom Sebastião...*, Lisbonne, 1737, in-f°.

Pierrot-Deseilligny (Jules). — *Traité d'Antoine de Bourbon avec le chérif de Fez et tentative d'expédition au Maroc*, Mâcon, 1891, in-8.

Plantet (Eugène). — *Correspondance des deys d'Alger avec la cour de France (1579-1833)*, Paris, 1889, 2 vol. in-8.

Ramusio. — Cf. Léon l'Africain.

Rasilly (le marquis Michel-Gustave de). — *Généalogie de la famille de Rasilly. Touraine, Anjou, Poitou*, Laval, 1903, in-4.

REBELLO DA SILVA (Luiz Augusto). — *Historia de Portugal nos seculos XVII e XVIII*, Lisbonne, 1860-1871, 5 vol. in-8.

RENOU (Émilien). — *Description géographique de l'Empire du Maroc* (*Exploration scientifique de l'Algérie*, t. VIII), Paris, 1846, in-8.

RICHELIEU. — *Lettres, instructions diplomatiques et papiers d'État du cardinal de Richelieu*, éd. Denis AVENEL (*Documents inédits*), 1853-1877, 8 vol. in-4.

ROCCO DA CESINALE (le P.). — *Storia delle missioni dei Cappuccini*, Rome, 1867-1873, 3 vol. in-8.

ROGER (Eugène). — *La Terre Sainte ou Description topographique très particulière des saincts lieux...*, Paris, 1646, in-4.

ROJAS (Juan Luis de). — *Relacion de algunos sucesos postreros de Berberia, salida de los Moriscos de España y entrega de Larache, dirigida a Don Fernando de Mascarenhas...*, Lisbonne, 1613, in-8.

ROUSSEAU (Alphonse). — Cf. *Chroniques de la Régence d'Alger*.

RUBLE (Alphonse de). — Cf. AUBIGNÉ (d').

SADI (ABD ER-RAHMAN BEN ABDALLAH BEN IMRAN BEN AMIR ES-). — *Tarikh es-Soudan*, trad. O. HOUDAS (*Publications de l'École des Langues Orientales. — Documents arabes relatifs au Soudan*), Paris, 1900, in-4.

SAGARRA (Joseph). — *Compendio de la historia de la España transfretana*, Barcelone, 1767, 2 vol. in-8.

SALAZAR DE MENDOÇA (Pedro). — *Origen de las dignidades seglares de Castilla y Leon, con relacion summaria de los reyes de estos reynos*, Tolède, 1618, in-f°.

SAN ROMAN (Fray Antonio de). — *Jornada y muerte del rey Don Sebastian de Portugal*, Valladolid, 1603, in-4.

SANUTO (Livio). — *Geographia dell' Africa*, Venise, 1588, in-f°.

SCALIGER. — *Josephi Scaligeri epistolæ*, Francfort, 1628, in-8.

SCHEFER (Ch.). — Cf. TEMPORAL.

SCHOUSBOE (Peder). — *Beobachtungen über das Gewächsreich in Marokko, gesammelt auf einer Reise in den Jahren 1791-1793*, trad. du danois en allemand par J. Ambr. MARKUSSEN, Copenhague-Leipzig, 1800, in-8.

SEGONZAC (Marquis de). — *Voyages au Maroc* (*1899-1901*), Paris, 1903, 1 vol. in-8, avec atlas.

SILVA (Juan de), comte de PORTALEGRE. — Cf. CONESTAGGIO.

SLANE (baron MAC GUCKIN DE). — Cf. IBN KHALDOÛN et BEKRI (EL-).

SOMAIZE (Antoine BAUDEAU, sieur de). — *Le grand dictionnaire des Précieuses*, Paris, 1661, 2 vol. in-12.

SOUSA (D. Antonio Caetano de). — *Historia genealogica da casa real portugueza desde a sua origem ate o presente*, Lisbonne, 1735-1748, 12 vol. in-4.

SOUZA (Luiz de). — *Annaes d'el-Rey D. João tercero*, publicados por A. HERCULANO, Lisbonne, 1844, in-4.

SPOTORNO (G. B.). — *Storia letteraria della Liguria*, Gênes, 1858, in-8.

Tableau de la situation des établissements français dans l'Algérie en 1840, Paris-Alger, 1841, in-f°.

TEISSIER (Alexandre). — *Les éloges des hommes savants, tirés de l'histoire de M. de Thou*, Utrecht, 1696, 2 vol. in-12.

TEISSIER (Octave). — *Les anciennes familles marseillaises*, Marseille, 1888, in-4.

TEMPORAL (Jean). — *Historiale description de l'Afrique* (Traduction française de LÉON L'AFRICAIN), Lyon, 1556, in-f°, et rééd. Ch. SCHEFER, Paris, 1896-1897, 3 vol. in-8.

TESSEREAU (Abraham). — *Histoire chronologique de la Grande Chancellerie de France*, Paris, 1676-1706, 2 vol. in-f°.

THÉVET (André). — *La cosmographie universelle d'André Thévet, cosmographe du roy*, Paris, 1575, 2 vol. in-f°.

THOU (Jacques-Auguste de). — *Histoire universelle* (1543-1607), trad. du latin, Londres, 1734, 16 vol. in-4.

TIRABOSCHI (Girolamo). — *Storia della letteratura italiana*, Modène, 1772-1782, 13 vol. in-4.

TORRES (Diego de). — *Relacion del origen y successo de los Xarifes*, Séville, 1586, in-4, et trad. franç. par M. C. D. V. D. D. A. [Charles de Valois, duc d'Angoulême], Paris, 1636, in-4.

TORRES DE LIMA (Luiz de). — *Compendio das mais notaveis cousas que no reino de Portugal aconteceram desde a perda del rei D. Sebastião ate o anno de 1627*, Lisbonne, 1630, in-8.

UGHELLI (Ferdinando). — *Italia Sacra sive de episcopis Italiæ opus*, 2e éd., Venise, 1717-1722, 10 vol. in-f°.

UZIELLI (Gustavo). — *Cenni storici sulle imprese scientifiche marittime e coloniali di Ferdinando I, granduca di Toscana (1587-1609)*, Florence, 1901, in-4.

VAN METEREN (Emmanuel). — *Histoire des Pays-Bas*, trad. fr. par Jean de LA HAYE, La Haye, 1618, in-f°.

VERE (Sir Francis). — *The Commentaries of Sir Francis Vere, being diverses pieces of service wherein he had command, written by himself, published by* W. DILLINGHAM, Cambridge, 1657, in-f°.

VERTOT (l'abbé de). — *Histoire des Chevaliers hospitaliers de Saint-Jean de Jérusalem, appellés depuis chevaliers de Rhodes et aujourd'hui chevaliers de Malte*, Paris, 4e éd., 1755-1761, 7 vol. in-12.

VIGENÈRE (Blaise de). — *L'art militaire d'Onosender, autheur grec, où il traicte de l'office et devoir d'un bon chef de guerre, mis en langue françoise et illustré d'annotations*, Paris, 1605, in-4.

VILLAREAL (Manuel Fernandez de). — *Le politique très chrestien ou discours sur les actions principales de la vie de feu Mgr l'éminentissime cardinal duc de Richelieu*, traduit de l'espagnol par François de GRENAILLE, Paris, 1645, in-4.

VINDRY (Fleury). — *Les ambassadeurs français permanents au XVIe s.*, Paris, 1903, in-4.

WADDING (Luke). — *Annales ordinis Minorum*, Lyon et Rome, 1628-1654, 8 vol. in-f°.

WASHINGTON (Lieutenant). — *Geographical Notice of the Empire of Morocco (Journal of the Royal Geographical Society*, t. I, 1831), et trad. franç., *Spectateur Militaire*, vol. XXXVII, 1844.

ZAÏANI (ABOU'L KASSEM BEN AHMED EZ-). — *Le Maroc de 1631 à 1812, extrait de l'ouvrage intitulé Et-Tordjeman el-Moarib*, publié et traduit par O. HOUDAS, Paris, 1886, in-8.

ZURITA (Geronimo). — *Annales de la corona de Aragon*, Saragosse, 1562-1579, 6 vol. in-f°.

INDEX ALPHABÉTIQUE

Nota. — Les noms de personne sont en petites capitales ; les noms de lieu en italiques.

Aarass (le cheikh). — T. III, ciii et n. 4.

Abbas (Moulay Ahmed el-). — Voir Ahmed el-Abbas.

Abbas (El-Hadj). — T. III, 540 et n. 4.

Abbas *le Grand*, shah de Perse. — T. III, 80 n. 1.

Abda (les), tribu. — T. I, 120 et n. 5.

Abdallah, captif more. — T. III, 481.

Abdallah, caïd. — T. I, 136 et n. 1.

Abdallah (Moulay), fils de Moulay Mohammed ech-Cheikh *el-Mamoun*, prince saadien. — T. III, 3 et n. 5 ; 19 et n. 1 ; 37 et n. 2 ; 82 n. 2 ; 701 n. 4 ; 703 et n. 5 ; 728 et n. 7. — *Généal. Saad.*, n. 31.

Abdallah ben Abbou, alias Diego Lopez, roi des Morisques. — T. I, 291 et n. 5 ; 292 et n. 1 ; 294, 302 et n. 4.

Abdallah ben Ali el-Caceri, gouverneur de Salé. — T. III, lxxxi, xc, xci, 194 n. 5 ; 196, 197, 209 et n. 1 ; 282 n. 3 ; 287, 292, 296, 298, 308 n. 1 ; 370 et n. 2 ; 374, 499 et n. 1 ; 500, 501, 537 et n. 5 ; 538, 540-544, 547, 548, 558.

Abdallah *el-Ghalib bi Allah* (Moulay), fils de Moulay Mohammed ech-Cheikh *el-Mahdi*, sultan saadien. — T. I, 149, 167 n. 1 ; 170-187, 197, 198, 202 et n. 3 ; 208 et n. 1 ; 214 et n. 3 ; 216, 217, 220, 221, 223, 225, 227, 231, 233 n. 1 ; 240 et n. 6 ; 274 n. 1 ; 295 et n. 2 ; 299 n. 3 ; 346, 443-450, 452, 511 et n. 1 ; 628-631. — T. II, 38 et n. 5 ; 226 n. 4 ; 281 et n. 3 ; 285 et n. 1 ; 358 et n. 3 ; 360 et n. 1 ; 403, 404, 414, 415, 420 n. 2 ; 428-431, 433, 445, 447, 449, 456 et n. 1 ; 462 et n. 1 ; 464 n. 4 ; 466-469, 471, 475 et n. 2 ; 479, 483, 488, 491 et n. 2 ; 492, 496, 553-555, 578 et n. 1 ; 583-585. — T. III, ii, iii et n. 1 ; iv, vi, vii, 2 et n. 7 ; 749-752, 753 n. 1 ; 754 n. 2. — *Généal. Saad.*, n. 9.

Abdallah el-Ghezouâni (Sidi), marabout. — T. I, 450 n. 3.

Abdallah el-Kouch (Abou Mohammed), cheikh. — T. I, 147 n.

Abdallah ben Mohammed el-Hadj (Sidi), prince de Salé. — T. III, 580, 581, 583 et n. 4 ; 619 et n. 2 ; 629 et n. 2 ; 635 et n. 2 ; 639 et n. 2 ; 640, 670 et n. 1 ; 671.

Abdallah en-Neqsis, mokaddem de Tétouan. — T. III, 194 et n. 1 ; 422-424.

Abdallah *el-Ouatik bi Allah* (Moulay), plus connu par son konia Abou-Farès, fils de Moulay Ahmed *el-Mansour*, sultan saadien. — T. II, 211 et n. 2 ; 326 et n. 2 ; 329 et n. 3 ; 337-339, 348 et n. 2 ; 355-360, 403 et n. 3 ; 404, 411, 414, 417, 466, 467, 475 et n. 1 ; 491 et n. 4. — T. III, xix, xxxi. — *Généal. Saad.*, n. 24.

Abdallah Sinko, caïd. — T. II, 398 et n. 1, 399.

Abd el-Aziz ben Saïd el-Mezouar. — Voir Azzouz.

Abd el-Aziz ez-Zarouri, caïd de Salé. — T. III, 25 n. 2 ; 191 et n. 1.

Abd el-Kader (Moulay), fils de Moulay Mohammed ech-Cheikh *el-Mahdi*, prince saadien. — T. I, 448 et n. 2 et 4. — *Généal. Saad.*, n. 8.

Abd el-Kerim, gouverneur de Safi. — T. III, 468 et n. 1.

Abd el-Kerim ben Abou Beker. — Voir Keroum el-Hadj.

Abd el-Kerim ben Touda, caïd d'Arzila. — T. I, 528 n. 2, 578, 579, 637 et n. 7.

Abd el-Malek ben ech-Cheikh (Moulay), prince saadien. — T. III, 363 et n. 1. — *Généal. Saad.*, n. 33.

Abd el-Malek *el-Moatassem bi Allah* (Moulay), fils de Moulay Mohammed ech-Cheikh *el-Mahdi*, sultan saadien. — T. I, 346-350, 352 n. 1; 361-365, 367 n. 1; 368 n. 1; 374 et n. 3; 376, 381-393, 429-431, 433, 434, 443, 447, 449, 450, 452-462, 464, 465, 467, 468 et n. 1; 470-486, 490-492, 497, 499 et n. 5; 500 et n. 1; 502-504, 511 et n. 3 et 7; 512 et n. 1 et 3; 519 et n. 2; 525, 527 n. 5; 528, 535-540, 544-552, 554-560, 564, 565, 567, 569, 575-579, 582-585, 589-595, 597-599, 602-605, 608, 609, 613, 617, 620, 626 et n. 2, 4; 627, 631-635, 639-647, 650-652, 656-660, 662 et n. 5; 663, 665-667, 673-675. — T. II, 22-24, 30, 39 et n. 3; 45, 48, 99, 122 n. 3; 205, 215 n. 1; 268 et n. 1; 314, 332 et n. 5; 411, 466. — T. III, 283, 753-755. — *Généal. Saad.*, n. 13.

Abd el-Malek (la veuve d'), fille de Hadji Morato. — T. II, 189 n. 2.

Abd el-Malek ben Zidân (Moulay), sultan saadien. — T. III, v-viii, xviii, lviii, lix, lxix-lxxi, 3 et n. 3 et 6; 34, 131 et n. 3; 152 n. 1; 157-162, 166-173, 175-177, 180, 181, 183, 195, 209, 210, 213-216, 247-251, 253, 258, 260-262, 266-272, 291, 292, 298 et n. 3; 302 et n. 2; 310-313, 316, 317, 320, 322-328, 332 et n. 2; 338, 340, 342, 346, 352-356, 358 n. 1; 359 et n. 1; 375, 377-392, 397, 400, 401, 579 n. 2; 701 n. 1; 704 et n. 3; 706, 724. — *Généal. Saad.*, n. 35.

Abd el-Moumen (Moulay), fils de Moulay Mohammed ech-Cheikh *el-Mahdi*, prince saadien. — T. I, 443, 447, 449 et n. 3; 450, 511 et n. 3; 628 et n. 5; 629 et n. 2; 631. — *Généal. Saad.*, n. 12.

Abd er-Rahman (Moulay), fils de Moulay Mohammed ech-Cheikh *el-Madhi*, prince saadien. — T. I, 149. — *Généal. Saad.*, n. 11.

Abid (Oued *El-*). — T. II, 261 et n. 1; 265. — T. III, 578 et n. 5; 579, 586 et n. 2.

Abid (bataille de l'oued *El-*). — Voir *Bou Akba*.

Abou Abdallah Mohammed ben Sâssi, cheikh. — T. I, 146 n. 3.

Abou Beker, fils du roi de Fez Ahmed *el-Ouattassi*, prince mérinide. — T. I, 149, 153 n. 2.

Abou Beker, caïd. — T. II, 201.

Abou Beker ben Abd el-Kerim, fils de Keroum el-Hadj. — T. III, 583 et n. 6.

Abou Beker ben Mohammed (Sidi), marabout de Dila. — T. III, 575 et n. 2; 576 et n. 2.

Abou Beker et-Tameli, gouverneur de Fez el-Bali. — T. III, 581.

Abou Farès. — Voir Abdallah *el-Ouatik bi Allah* (Moulay).

Abou Hassoûn. — Voir Mohammed ben Abou Hassoûn Ali (Moulay).

Abou Hassoûn Ali, prince mérinide, roi de Velez, puis de Fez. — T. I, 135 et n. 2; 136, 149 et n. 2; 151 et n. 1; 153-156, 243 et n. 4; 295 n. 5; 442 n. 3; 579 n. 2. — T. II, 279 n. 2.

Abou Hassoûn (fils et descendants d'). — T. I, 274 n. 1.

Abou Mahalli (Ahmed ben Abdallah dit), marabout. — T. II, 541 et n. 1; 553 n. 3; 555 n. 4. — T. III, xxxv, 18 et n. 1; 20 et n. 1; 82 n. 2.

Abou Zakaria Yahia, dit Abou Zekri, prince mérinide. — T. I, 149.

Abranches (D. Alvaro de), gentilhomme portugais. — T. I, 134 et n. 1; 136 et n. 3.

Abreu (Antonio de). — T. I, 124, 128.

ACHMET, capitan-pacha. — T. II, 422 et n. 2.
ACHMET Ier, sultan de Turquie. — T. II, 321 n. 1; 326. — T. III, XXXIV n. 6.
ACOSTA (D'). — Voir DA COSTA.
ACQUISTI (Bastiano), agent toscan. — T. II, 338 n. 7.
AÇUAGOS, AZUAGOS. — Voir ZOUAOUA.
ACUNHA (D'). — Voir DA CUNHA.
ADJENOUI. — Voir SAÏD ADJENOUI.
ADJIB, renégat, caïd de Salé. — T. III, 25 et n. 2; 31, 32, 48, 191 et n. 4, 5, 6.
ADOUB TAHILA, caïd. — T. III, 457.
Adrar n-Deren. — Voir *Deren.*
AFONSO (Symon). — T. I, 39.
Affrétement (contrats d'). — T. II, 133-135, 143-145.
AFRIQUE (D. Philippe d'). — Voir ECH-CHEIK (MOULAY).
Agadès. — T. II, 305 et n. 1; 311.
Agadir. — Voir *Sainte-Croix-du-Cap-de-Guir.*
AGAIRRE ou AGUIRRE (Bertrand), corsaire français. — T. I, 193 et n. 1; 194, 199.
Agents français au Maroc. — T. III, I-CVI.
Aghmat. — T. II, 257 et n. 3 et 4; 264, 267, 309, 402 et n. 4. — T. III, 707 et n. 1.
AGNELO (le Fr.), franciscain, évêque de Merrakech. — T. III, 94 et n. 4.
AGNO (le Fr.), franciscain, évêque de Merrakech. — T. III, 95 n. 1.
AGRAM (Gaspar d'). — Voir DA GRAM.
AGUILAR (D. Alonso de), gentilhomme espagnol. — T. I, 435, 487, 545, 551, 585, 602, 611, 624 n. 4; 641, 652.
AGUSTIN (D. Hieronimo). — T. II, 569 et n. 4.
Aguz. — T. II, 253 et n. 1; 263, 307.
AHMED, pacha d'Alger. — T. III, 754 n. 1.
AHMED (Sidi), secrétaire de MOULAY ABOU FARÈS. — T. II, 393.
AHMED *el-Aaredj* (MOULAY), sultan saadien. — T. I, 43, 47-49, 54 et n. 2; 60, 61 et n. 1; 63 n. 1; 68, 69, 75, 76, 85, 86, 93, 96-98, 109 et n. 7; 118 et n. 4; 120 et n. 3; 121, 126, 141 n. 6; 146, 147, 150 n. 3; 303 n. 5; 440 n. 2 et 6; 442 n. 3; 446 n. 1; 510 et n. 3; 584 et n. 6. — T. III, 2 et n. 4. — *Généal. Saad.*, n. 3.
AHMED *el-Abbas* (MOULAY), fils de MOULAY MOHAMMED ECH-CHEIKH *el-Asegher*, sultan saadien. — T. III, 579. — *Généal. Saad.*, n. 40.
AHMED BEN ABDALLAH. — Voir ABOU MAHALLI.
AHMED BEN ABDALLAH *ed-Dilaï*, fils d'ABDALLAH BEN MOHAMMED EL-HADJ. — T. III, 583 n. 4.
AHMED BEN ADEL, caïd. — T. II, 209 et n. 1; 211.
AHMED AGUADET, caïd. — T. III, 454, 455, 467.
AHMED, *alias* MOHAMMED BEN ABOU HASSOÛN (MOULAY). — Voir MOHAMMED BEN ABOU HASSOÛN.
AHMED BEN ALI BEXER, caïd de la kasba de Salé-Rbat. — T. III, 282, 287, 292, 296, 298.
AHMED BOU ALI, notable des Andjera. — T. III, 423, 424.
AHMED *el-Asegher* (MOULAY), fils de MOULAY ZIDÂN, prince saadien. — T. III, 363 et n. 2; 586 et n. 4; 587. — *Généal. Saad.*, n. 37.
AHMED BELKASSEM (le raïs), agent de MOULAY AHMED *el-Mansour* auprès de D. ANTONIO. — T. II, 160 et n. 1; 181, 186.
AHMED EL-FEDHOL, trésorier de MOULAY ABD EL-MALEK. — T. I, 346, 347 et n. 3; 348.
AHMED EL-GUEZOULI, caïd. — T. II. 551 n. 2; 580 et n. 4, 5, 6; 581. — T. III, LI et n. 5; LV; 120, n. 4.
AHMED BEN KASSEM, secrétaire et interprète de MOULAY EL-OUALID. — T. III, 451, 458, 464, 465, 466.
AHMED BEN MAJOR, gouverneur de Safi. — T. II, 198.
AHMED *el-Mansour* (MOULAY), fils de MOULAY MOHAMMED ECH-CHEIKH *el-Madhi*, sultan saadien. — T. I, 295 n. 5; 303 n. 5; 352 n. 1; 443 et n. 3; 448 et n. 3; 451 et n. 4, 5; 453 et n. 1; 458, 460 et n. 4; 461 et n. 2, 5; 473 et n. 2; 486

et n. 1 ; 492, 493 et n. 5 ; 497-502, 511 et n. 3 ; 537 et n. 3 ; 538, 547-549, 553, 566, 568, 569, 571, 585 et n. 1 ; 591 et n. 8 ; 595, 602-604, 608 et n. 4 ; 618-626, 632, 634, 635, 639 n. 1, 642, 646, 647, 656, 667 n. 5 ; 668 n. 5 ; 675. — T. II, 14 n. 2 ; 22 et n. 3 ; 30, 31, 34, 36-38, 41, 42, 45, 49, 51-54, 64, 68, 70, 89, 94-100, 105-111, 113, 115, 117-119, 122-124, 126, 131, 137-139, 141, 149, 151, 157-160, 162, 163, 166, 168 n. 4 ; 174-178, 181-184, 186 et n. 2 ; 187, 189-193, 198-201, 203, 205-208, 211, 212, 216, 221, 226, 227, 229 et n. 3 ; 232 et n. 2 ; 238, 258, 272 et n. 4 ; 276, 278, 286 et n. 5 ; 296, 314, 316, 318 n. 4, 5 ; 320 et n. 2 ; 322, 324 et n. 1 ; 326 et n. 2 ; 332 et n. 4, 5 ; 339, n. 2 ; 348 n. 2 ; 431 et n. 2 ; 466. — T. III, VIII et n. 5 ; XIV et n. 8 ; XV et n. 1 ; XVI-XVIII, XXI, XXVIII, XXXIV et n. 1 ; 3 et n. 4 ; 572, 577 et n. 1 ; 579 n. 2 ; 701 n. 1 ; 703 et n. 4 ; 708, 756. — *Généal. Saad.*, n. 14.

AHMED BEN MOHAMMED EL-HADJ, dilaïte, gouverneur de Fez. — T. III, 581.

AHMED BEN MOHAMMED *el-Ouattassi*, roi mérinide de Fez. — T. I, 1 n. 5 ; 5, 7, 8-13, 16, 17, 19, 20, 24, 25, 27-29, 31-35, 37, 38, 54 et n. 3 ; 133 et n. 1 ; 134 et n. 1 ; 136, 137 et n. 3 ; 149-151, 153 et n. 2 ; 584.

AHMED NARVAEZ. — T. III, 313 et n. 3.

AHMED EN-NEQSIS, mokaddem de Tétouan. — T. II, 439 et n. 4 ; 450 et n. 1. — T. III, 82 n. 2.

AHMED OJA, corsaire d'Alger. — T. III, 204 et n. 2 ; 225, 239, 240.

AHMED BEN SALAH. — T. III, 582.

Aïd el-Kebir (l'). — T. II, 276 n. 4. — T. III, 384 et n. 4.

Aïer. — T. II, 252 et n. 2 ; 263, 307. — T. III, XLIV-XLVI, LV-LVIII, LXXV, 54-57, 100 et n. 5. — Voir *Oualidia (El-)*.

Aïn Bou Ghanem. — T. II, 298 et n. 3.

Aïn el-Ksob. — T. III, 198, 580.

Aït Moussi (oued). — T. II, 260 n. 1.

AÏT OULLAL (les), tribu. — T. III, 582.

AÏT YOUSSI (les), tribu. — T. III, 578.

Akhdar (Djebel el-), alias *Serra Verde*. — T. II, 243-245, 262.

ALARCON (D. Antonio et D. Francisco), fils de D. João SOARES. — T. III, 653, 659, 661, 663.

ALARD (Jean). — T. I, 286.

ALAVA (D. Francès d'). — T. I, 245, 246, 332.

ALBE (D. Fernando ALVAREZ DE TOLEDO, duc d'). — T. I, 224, 277, 278, 327 et n. 2 ; 464 n. 5 ; 515, 524, 531, 546, 596 et n. 4, 5 ; 609 n. 5.

ALBERT D'AUTRICHE (l'archiduc), gouverneur des Pays-Bas. — T. II, 476 et n. 3.

Albouzèmes (les). — Voir *Alhucemas*.

ALBRET (Maison d'). — T. I, 174.

ALBRET (Jeanne d'), reine de Navarre, duchesse de Vendôme. — T. I, 189, 190, 195, 196.

ALBRET (Pierre d'). — T. I, 192 et n. 2.

Alcaçar, Alcacer, Alcassar, Alcasser. — Voir *Ksar (El-)*.

ALCAÇOVA CARNEIRO (Pedro de), régent de Portugal. — T. I, 52, 435 et n. 7 ; 469 et n. 1 ; 509, 513, 514, 518, 519 n. 1 ; 526, 527, 545, 570, 587 n. 2.

ALCANTARA (le P. Pedro d'). — T. II, 542 n. 1.

ALCAUDETE (Martin HERNANDEZ DE CORDOBA, comte d'). — T. I, 190 n. 1.

ALDAÑA (Francisco de), capitaine espagnol. — T. I, 428 et n. 6 ; 489 n. 1 ; 520 et n. 2 ; 545 n. 6 ; 546, 562, 563, 595-597, 600, 601, 606, 611, 621, 659 n. 6.

ALDAÑA (Cosmo de), frère du précédent. — T. I, 595 n. 3.

ALEXANDRE (le P.), jésuite. — T. I, 556 n. 3.

ALEXANDRE VI, pape. — T. I, 44 n. 2.

ALFARO (Baltasar de). — T. I, 39.

ALFONSE V, roi de Portugal. — T. I, 94 et n. 4 ; 174 n. 3 ; 411 et n. 4, 5.

ALFONSO (Manuel), ingénieur portugais. — T. I, 143.

Algarve. — T. I, 77, 86, 96, 157, 530, 637 et n. 1. — T. II, 445, 454, 554. — T. III, 599, 601.

Alger. — T. I, 76, 137, 153 n. 2 ; 214, 240 n. 5 ; 244, 447, 449, 452, 456, 511, 631,

663. — T. II, 92, 96 n. 1 ; 100, 113 n. 2 ; 201, 302, 318, 319, 332, 494. — T. III, IV et n. 5 ; V, VII, XIX, XLI, 3, 79, 153, 193, 226, 240, 372, 375, 407, 486, 676, 713.

Alger (entreprises contre). — T. I, 315, 329 n. 4 ; 337. — T. II, 68, 326, 327, 437.

Alger (forces d'). — T. I, 216, 226, 227, 243, 452 et n. 3 ; 455 et n. 4 ; 456 et n. 1. — T. II, 516 n. 1.

Alger (navires d'). — T. I, 283, 294.

Alger (pacha ou roi d'). — T. I, 225 et n. 2 ; 227, 287-289, 291 n. 5 ; 297, 311. — T. II, 325 et n. 1. — T. III, XXXIII. — Voir EULDJ-ALI, HASSAN PACHA, RAMDAN PACHA.

Alger (paix entre la France et). — T. III, 226 et n. 2 ; 240 et n. 1 ; 305 et n. 1.

Alhucemas. — T. I, 153 n. 2. — T. III, CIII et n. 3.

ALI (Cheikh). — T. III, 465 et n. 1 ; 466.

ALI (MOULAY). — Voir HASSEN.

ALI BEN ABOU BEKER AZIKKI, gouverneur de Merrakech. — T. I, 446 n. 1.

ALI (ABOU HASSOÛN). — Voir ABOU HASSOÛN.

ALI BLANCO, hornachero. — T. III, 313, 314 et n. 4.

ALI GALAN. — T. III, 541, 544.

ALI BEN MOHAMMED BEN AHMED BEN MOUSSA (Sidi), marabout d'Iligh. — T. III, XCII, XCV et n. 7 ; 159 et n. 2 ; 191 et n. 3 ; 359 et n. 3 ; 360 et n. 7, 8 ; 361 et n. 2 ; 365 et n. 4, 5 ; 366, 372 et n. 2 ; 375, 414-416, 429 et n. 1 ; 480 et n. 1 ; 573 et n. 3 ; 579 et n. 5 ; 580, 583, 705 et n. 3, 4 ; 706 n. 5 ; 709.

ALI GINOVES, caïd. — T. I, 609 et n. 3.

ALI BER-RACHED, fils de MOULAY IBRAHIM. — T. I, 35 et n. 1.

ALI RAÏS, corsaire. — T. III, 371.

ALI TCHELIBY, ambassadeur ottoman. — T. I, 356 et n. 2.

ALI BEN ZIDÂN (MOULAY), prince saadien. — *Généal. Saad.*, n. 16.

ALINCOURT (Charles de NEUFVILLE, marquis d'), ambassadeur de France à Rome. — T. II, 334 et n. 3.

ALLAL *el-Merini*. — Voir GASPAR DE BENEMERIN.

Allemands (mercenaires). — Voir Bandes.

ALLEN (Guillaume). — T. I, 529 et n. 2.

ALMANÇOR, ALMANZOR, ALMANZORICO. — Voir MANSOUR (EL-).

ALMEIDA (D. Francisco de), gouverneur de Tanger. — T. II, 115 n. 5.

ALMEIDA (D. Francisco de), gouverneur de Ceuta. — T. III, 736 n. 4.

ALMEIDA (D. Jorge de), évêque de Coimbre, puis archevêque de Lisbonne et régent de Portugal. — T. I, 46, 47 et n. 1 ; 88 et n. 1 ; 89, 469 et n. 1 ; 527, 587 n. 2.

ALMEIDA (D. Lopo de). — T. I, 242.

ALMEIDA (D. Lorenzo de). — T. I, 652.

ALMENRYCKE (Barth.), *alias* AMALRICQ. — T. III, 715.

Almeria. — T. I, 289.

Almis. — T. II, 282 et n. 4 ; 289, 310.

ALOCHALY. — Voir EULDJ-ALI.

ALONSO DE FEZ (D.), prince mérinide. — T. I, 274 n. 1 ; 275.

Aloses. — T. II, 248 et n. 9. — T. III, 737 et n. 6.

ALTEMPS (Annibal). — T. I, 255 et n. 2, 256.

ALVAREZ (Antonio). — T. I, 121.

ALVAREZ (Fernan). — T. I, 214.

ALVAREZ PEREIRA (Nuno). — T. I, 379, 380.

ALVENAS (Gaspar). — T. I, 124.

ALVITO (le baron d'). — Voir LOBO.

Amandes, amandiers. — T. II, 256. — T. III, 727, 739.

AMAR OU AMMAR EL-FETA, caïd. — T. III, XLVIII, LVIII et n. 2 ; LIX, 155, 156, 158, 708 et n. 1 ; 713, 725 et n. 6 ; 726.

AMARAL (Melchior de), corregidor. — T. I, 624.

Ambre. — T. II, 123. — T. III, 78 et n. 2 ; 123.

AMERETON (Jaume), captif français. — T. III, 756, 757.

AMRIQUES (Vasco). — T. I, 123, 124.

AMURAT III, sultan de Turquie. — T. I, 346, 347 n. 7 ; 450 n. 1 ; 512 et n. 1. — T. II, 94 et n. 2 ; 122.

Andalous. — T. II, 216, 222, — T. III, 97 et n. 1 ; 193-198, 210-212, 217, 227, 228, 236, 242, 243, 270, 271, 306, 332 et n. 4 ; 334-336, 341 et n. 1 ; 364, 578-580, 585, 587, 588, 590, 592, 593, 604, 610, 625, 657, 660 et n. 2. — Voir Hornacheros, Moriscos.

Andalousie. — T. I, 54, 223, 226, 227, 243, 278, 289. — T. III, 68, 69.

Andjera, région. — T. II, 286-290, 310. — T. III, LXXXVII, 276, 422, 425, 426.

Andrada (Fernando Pires de), chef d'escadre portugais. — T. I, 119, 147.

Andrada (Gaspar de), gouverneur des îles du Cap Vert. — T. I, 274 n. 1.

Andrada (Manuel de), *alias* David. — T. II, 149, 150, 167-169, 172, 180-187, 476.

André (Nicolas). — T. II, 541 n. 2.

Añez do Canto (Pero). — T. II, 98-100.

Anfa (El-). — T. II, 250 et n. 2 ; 251, 262, 266, 306. — T. III, 366 et n. 4 ; 367, 368, 669 et n. 2.

Angad (les), tribu. — T. III, 581.

Angélique (le P.), capucin. — T. III, 134.

Angleterre. — T. II, 9, 138, 146, 148, 169, 177, 178, 182, 185-187, 201. — T. III, 596.

Anne (l'infante), fille de Philippe III, reine de France. — T. II, 433, 434.

Anne d'Autriche, reine d'Espagne. — T. I, 340 et n. 3.

Anroux (le P. Nazaro), trinitaire. — T. III, 559 et n. 10 ; 646 n. 3 ; 668-678.

Antoine de Sainte-Marie (Le P.), religieux irlandais. — T. III, 34 n. 1 ; 88 et n. 3.

Antonio de Portugal (D.), prieur de Crato, prétendant au trône de Portugal. — T. I, 339, 497 et n. 3 ; 529 n. 1 ; 563 et n. 3 ; 567, 586 et n. 7 ; 601, 611, 653, 666. — T. II, 50 et n. 1, 92, 99, 124, 129-132, 136-138, 146-152, 157-172, 174-183, 185-188, 191-193, 201, 205, 226, 230. — T. III, XV, XVI et n. 1.

Arab Ahmed, pacha d'Alger. — T. I, 352 n. 1.

Arabes. — T. I, 60, 61 et n. 2 ; 439 et n. 3 ; 452, 474 et n. 1 ; 490, 548, 561, 563. — T. II, 226 n. 1 ; 271 et n. 5 ; 333, 394-396, 409, 410. — T. III, 359 et n. 5 ; 367, 701 et n. 3 ; 703, 704, 713-718, 720, 721.

Arabi Garcia, secrétaire du divan de Salé. — T. III, 309.

Aragon (D. Blasco de). — T. II, 464.

Arbalètes, arbalétriers. — T. I, 120, 122, 124, 126, 294.

Arellano Quintana (Juan de). — T. III, 622.

Argan, arganier. — T. II, 313 n. 2.

Argoulets. — Voir Arquebuses, arquebusiers.

Arguin. — T. I, 274 n. 1. — T. II, 126, 271 et n. 7 ; 273, 307, 386, 387. — T. III, XXX et n. 3.

Armada (l'invincible). — T. II, 152 et n. 1, 158, 170.

Arostegui (Antonio de). — T. II, 538 et n. 1.

Aroudj (Baba), dit Barberousse. — T. I, 421 et n. 3.

Arquebuses, arquebusiers. — T. I, 27, 28, 33, 36, 38, 120, 122, 124, 126, 127 n. 1 ; 129, 183, 255 n. 2 ; 294, 379 n. 2 ; 397, 440 et n. 5 ; 452-454, 456, 457 et n. 1 ; 461, 473 et n. 6, 7 ; 474, 486 et n. 2 ; 488 et n. 1 ; 490 et n. 3 ; 495 et n. 2 ; 534 et n. 2 ; 537, 548, 549, 552, 560, 562, 599 n. 3 ; 632-634, 639, 640, 642, 675. — T. II, 181.

Arrabal, Arrabal de Salé. — Voir *Rbat.*

Arroyo (Diego de), alferez à La Mamora. — T. III, 616.

Artiaga, capitaine espagnol. — T. I, 606 et n. 2.

Arzila. — T. I, 2, 15 et n. 4 ; 18, 23-25, 28, 30-34, 37, 38, 43, 68 n. 2 ; 75 et n. 4 ; 76, 86, 94 n. 4 ; 97, 114, 116, 135, 231 n. 1 ; 381, 412 et n. 4, 5 ; 413 et n. 4 ; 423-427, 435 et n. 6 ; 468, 470 et n. 4 ; 471-474, 477, 479, 497 n. 3 ; 500, 501, 528 et n. 1 ; 534, 535, 537, 538, 541, 552, 563, 566, 569, 578, 579 et n. 2 ; 583 n. 6 ; 589-591, 595, 599, 600, 616, 637-639, 646, 647, 649, 653, 665 et n. 2 ; 667 n. 5 ; 674 et n. 2. —

T. II, 205, 223, 286 et n. 5; 288-290, 307. — T. III, 95, 201, 363 et n. 6; 367, 580, 597 n. 2; 700 et n. 1; 702, 720, 736 et n. 1; 737, 756 et n. 1.

Assentar (comte de). — T. III, 602, 603.

Assif el-Melh, rivière. — T. II, 258 et n. 2.

Aston (Thomas), marchand anglais. — T. III, 83 et n. 1.

Aston (Walter), ambassadeur d'Angleterre en Espagne. — T. III, 83 n. 1.

Ataide (D. Affonso de). — T. I, 46.

Ataide (Luis de). — T. I, 526.

Athia (le P. François d'), mercédaire. — T. III, lxxx, 244 et n. 1; 287 et n. 1; 309 n. 1; 313, 314, 339 et n. 2; 340, 373 et n. 4; 557 et n. 1; 558, 565 et n. 4; 566.

Atlas, montagne. — T. I, 120 n. 8; 441 et n. 2; 459, 461, 634. — T. II, 201, 243 et n. 2; 255, 256 n. 2; 262, 265, 268 n. 6; 270 n. 3; 272 n. 1; 308, 312, 410. — T. III, 2, 578. — Voir *Deren (Adrar n-)*.

Aubaine (droit d'). — T. I, 186 et n. 1.

Aubert (Nicolas), captif français. — T. III, lxi, 91.

Audiences des sultans du Maroc. — T. III, 727, 728.

Augustin (Saint). — T. III, 213 et n. 4; 431 et n. 2, 3; 739 et n. 3.

Aunay (le sieur d'), captif français. — T. III, 172.

Autruches (œufs et plumes d'). — T. I, 19, 24 n. 3; 37, 41. — T. II, 386. — T. III, 1 et n. 3; xxx, xcii, 118, 372, 375, 546, 717.

Auvilliers (Pierre d'). — T. III, 534.

Auxyllia (Baptiste), patron génois. — T. I, 1 et n. 1; 2, 15-18, 26 n. 2, 4; 30-32, 33, 39, 40. — T. III, 11.

Aveiro (D. Jorge d'Alencastro, duc d'). — T. I, 430, 489-492, 498, 552, 558, 562-564, 567, 586, 601, 610, 611, 645, 646, 651, 653-655, 658, 659, 661, 666, 673.

Avellaneda (Bernardino de). — T. II, 454 et n. 2.

Aventuriers. — T. I, 476 et n. 1; 487 et n. 1; 526, 544 n. 3; 548, 551, 561, 640, 658, 660, 661, 674.

Avies de Saravedra (Fernand d'). — T. I, 112.

Avisse (Guillaume), patron de navire. — T. II, 133, 135.

Ayachi (Mohammed ben Ahmed el-), marabout. — T. III, lxiv, lxxxvi, 159 et n. 2; 187-198, 275 et n. 3; 276, 278-281, 359 n. 3; 360 n. 4; 422 et n. 2; 423 et n. 1; 427, 428, 539-542, 548, 552 et n. 4; 573 et n. 1, 2; 574 n. 5; 578-581, 585-590, 679 et n. 3; 702 et n. 1.

Ayamonte (D. Antonio de Guzman y Zuñiga, marquis d'), gouverneur du Milanais. — T. II, 63 et n. 4.

Azemmour. — T. I, 23 n. 1; 33, 34 n. 2; 111, 142, 146, 231 n. 1; 410 et n. 2; 421-423, 441, 583 n. 6. — T. II, 219, 248 et n. 5; 249 et n. 1, 8; 250, 251 et n. 1; 262, 263, 266, 306, 389, 393. — T. III, xlvi et n. 6; xlvii, 41, 48, 360 et n. 2, 3; 368, 542, 700, 717, 737

Azemmour (évacuation d'). — T. I, 139, 141 n. 3; 146 et n. 2, 3; 412 n. 5.

Azemmour (abandon éventuel d'). — T. I, 43-106.

Azevedo (D. Antonio de), amiral portugais. — T. I, 46.

Azevedo (D. Francisco de), fronteiro à Tanger. — T. III, 425.

Azevedo Coutinho (Francisco de). — T. III, 29.

Azevedo (Melchior Vaez de). — Voir Vaez de Azevedo.

Azghar, région. — T. I, 410 n. 4. — T. II, 237, 277 et n. 1.

Azghar (bataille d'). — T. III, 198, 580.

Azrou. — T. II, 269, 272, 273, 309.

Azuagos. — V. Zouaoua.

Azzouz (Abd el-Aziz ben Saïd el-Mezouar, dit le caïd). — T. II, 199 n. 5; 211 n. 4; 395 et n. 2; 403 et n. 4; 410-412.

Azzouz (Sidi), frère de Sidi Abd el-Kerim. — T. I, 528 n. 2.

Baçan, Basan. — Voir Bazan.

Bahariat (El-). — T. II, 298 n. 6.

Baibaum, Baibom. — Voir *Bouibaoun.*

BALACHAR, BANACAR. — Voir NASSER (EN-).

Bandes de soldats mercenaires, allemands, espagnols, italiens. — T. I, 255, 269 n. 2; 379 n. 22; 397, 465-467, 475, 487, 515, 518, 519, 522-524, 530, 551, 557-559, 561, 563, 567, 581, 636, 637, 640-642, 652, 655, 657, 658, 661, 664, 667, 674. — T. II, 111.

BANHA (Francisco). — T. III, 599.

BAÑOS DE HERRERA (D. Francisco). — Voir HERRERA.

Barbarie (Côte de). — T. III, 699, 700.

Barbarie (Voyages en). — T. II, 383 et ss.

BARBEROUSSE. — Voir AROUDJ et KHEÏR-ED-DIN.

BARCA. — Voir EMBAREK.

BARCARROTA. — Voir VILLANUEVA.

BARCELOS (D. Theodosio, duc de), puis duc de BRAGANCE. — T. I, 552 et n. 4; 567, 572, 586 et n. 5; 601, 617 n. 2; 618, 624 et n. 2; 625, 653. — T. II, 32 et n. 4; 53, 71, 76, 331 et n. 8.

BARNEVELT (Jan VAN OLDEN), avocat général des États. — T. II, 558, 581, 582.

BARRAULT (Emery de JAUBERT, comte de), ambassadeur de France en Espagne. — T. II, 320 et n. 1; 341-354, 361, 362, 374, 375, 379-382, 418-421, 424, 425, 434, 435. — T. III, 418.

BARRAX (ALI). — Voir ALI BEN-RACHED.

BARRETO (Afomso). — T. I, 238.

BARRETO (Francisco). — T. I, 272, 273.

BARRETO DE ALMEYDA (Francisco). — T. III, 22.

BARRIGA (Lopo), adaïl de Safi. — T. I, 122 n. 3; 124, 131 n. 9.

BARRIGA (Nicolão). — T. III, 22.

BARROSO (Juan), valet du duc de Bragance. — T. I, 25 et n. 1, 3; 26, 37.

BARRUNDI (Juan de). — T. II, 571 et n. 5.

Bayona ou *Cíes* (Iles de). — T. I, 20 et n. 2. — T. III, 11.

BAZAN (D. Alvaro de), 1er marquis de SANTA CRUZ. — T. I, 51, 137 n. 4; 153 n. 2; 284.

BAZAN (D. Alvaro de), 2e marquis de SANTA CRUZ. — T. II, 439, 523.

BEAUVOIR-LA-NOCLE (Jean de LA FIN, seigneur de), ambassadeur de France en Angleterre. — T. II, 186 n. 2.

BECUDO (Fr. Mathias), agent de D. ANTONIO. — T. II, 124 et n. 2; 130, 131, 136-138, 146, 147, 150, 163, 168, 174, 186.

Bedi ou *Bedia (El-)*, palais de Merrakech. — T. I, 303 n. 5. — T. II, 211 n. 1; 338 n. 7; 339 n. 2; 400 et n. 2. — T. III, 359 et n. 4; 381 et n. 3; 704 et n. 7; 727 et n. 2.

Beïram. — T. III, 334 et n. 4; 335.

BEJA (Luis de PORTUGAL, duc de), frère de Jean III. — T. I, 95 n. 1.

BEL-ELCHE, caïd. — T. I, 147.

Belez. — Voir *Velez.*

BEL-ABBÈS ES-SEBTI (Sidi), patron de Merrakech. — T. III, 213 n. 4; 707 n. 1; 733 et n. 2; 739 et n. 3.

BEL-HASSEN. — Voir HASSEN (BEL-)

BELLIÈVRE (Pomponne de), ambassadeur de France en Angleterre. — T. III, 550 et n. 1.

BEN ALGUACIL. — T. I, 291 n. 4.

BENAVENTE (Rodrigo Alfonso PIMENTEL, comte de), vice-roi de Valence. — T. I, 511.

BEN AYAD. — Voir CHALOUM.

BEN BOUCAR, BEN BUCAR. — Voir ABOU BEKER et MOHAMMED BEN MOHAMMED.

BENCARTE ou BENCHART, corsaire algérien. — T. III, 285, 295 et n. 2.

BEN EMBAREK. — T. I, 125 et n. 4; 126.

BENEMERIN (D. Gaspar de). — V. GASPAR DE BENEMERIN.

BEN GRIMANES, caïd. — T. II, 48 n. 3.

BEN SAÏD, caïd. — T. III, 501.

BEN TOUDA. — Voir ABD EL-KERIM.

BEN YAHIA, cheikh. — T. I, 163 et n. 2.

Beni Abbès (plaine de). — T. II, 299 et n. 4.

BENI GOULFOT, tribu. — T. I, 16 n. 4.

BENI MAGUER, tribu. — T. I, 121 n. 4; 125.

BENI MALEK, tribu. — T. III, 189 et n. 6.

BENI MERIN. — V. MÉRINIDES.

BENI MESAOUER, tribu. — T. III, 427.

BENI MGUILD, tribu. — T. III, 578.

BENI SNASSEN, tribu. — T. III, 582.
BENI ZEKER, tribu. — T. I, 137 et n. 1.
BENI ZOUBIR, tribu. — T. III, 579.
BÉRARD (Guillaume), consul de France. — T. I. 367-370, 374 et n. 3 ; 376 et n. 1 ; 626 n. 1. — T. II, 14 et n. 2 ; 22-25, 26, 101-110, 129 n. 1 ; 174 et n. 2 ; 194, 196, 314 et n. 2 ; 376 et n. 2 ; 508. — T. III, VI-XI, XIV et n. 6, 7 ; XV, XXVII et n. 2 ; XXXII, 16, 758, 759, 760, 761.
BERBÈRES. — T. II, 403 et n. 1. — T. III, 574, 618 et n. 4.
BERENGUIER (Jean), captif. — T. III, 89, 756, 757.
BERGERON (Pierre). — T. III, XII et n. 5 et 9.
BERMUDEZ DE SOTOMAYOR (Luis). — Voir SOTOMAYOR.
BERTHOUMEAU (Denis), captif. — T. III, 299.
BERTRAND (Jean), corsaire français. — T. I, 193, 194, 199.
BEUROS (Jacob), israélite de Safi. — T. III, 455 et n. 2.
BEVEDEL (Bertrand de), forçat français en Espagne. — T. II, 545.
BEZERRA (D. João). — T. I, 655 n. 7.
BIBAULT, banquier à La Rochelle. — T. III, LXXV.
Bibliothèque de MOULAY ZIDAN. — T. II, 541, 542 et n. 1, 4 ; 583, 584, 586-589, 591 et n. 2, 600, 601. — T. III, XXXVI et n. 2-7 ; XXXVII et n. 1-5 ; XLV et n. 3 ; XLVIII et n. 3 ; LI, LII et n. 5 ; LIV et n. 9 ; LV, LIX, 12 et n. 2 ; 13.
BIGLON (Guillen), patron de barque. — T. II, 109.
BINIARA, gouverneur du Sous. — T. I, 110 et n. 3.
Bir Mezada. — T. II, 244.
Bir en-Naïm (El-). — T. II, 247 et n. 4.
Bit el-Mal, trésor chérifien. — T. II, 312 n. 5.
Bizerte. — T. I, 299 n. 1 ; 311, 315, 338, 357. — T. II, 332. — T. III, 486.
BLAISE DE PINNA (le Fr.), religieux minime. — T. III, 673, 674.
BLAKE (Robert), commerçant et agent anglais, depuis amiral. — T. III, 197 et n. 1 ; 470, 472, 476, 478, 479, 543 et n. 1 ; 544, 546 n. 4 ; 547 n. 1 ; 548 et n. 3 ; 553 et n. 1.
Blanc (cap), près d'Arguin. — T. II, 126, 383, 385 et n. 1 ; 386. — T. III, XXX.
Blanc (cap) ou *Djorf el-Asfar*, près de Mazagan. — T. II, 251 et n. 5, 263, 307.
Blanc (cap) ou *Djorf el-Ihoud*, près de Safi. — T. II, 253.
BLANCHARD (Jean), serviteur de Cabiron. — T. III, 469.
BLANCO. — V. ALI et MOHAMMED BLANCO.
BLANVILLAIN (Thomas), de Honfleur. — T. III, LXI.
Blé. — T. I, 121 n. 4 ; 223. — T. II, 216, 333, 353, 387, 389, 432. — T. III, XXXI, 73, 74, 201, 504, 543, 544, 639, 678, 721 et n. 1.
BOCARO (Luis GONÇALVES). — T. I, 124.
BODENHAM (Roger), commerçant anglais. — T. III, IV et n. 1.
BODIER, apothicaire de MOULAY EL-OUALID. — T. 462, 466.
Bône. — T. II, 332, 423 et n. 5.
BONIFACE (François de), seigneur de LA MOLE. — T. III, XLV, LI, LVI-LVIII, 54 et n. 1 ; 55-58.
BONIFACE (Robert de), seigneur de CABANES. — T. III, XLIII, L-LIV, 14 et n. 1 ; 17 et n. 1.
BONNAUD, patron de navire. — T. III, 299.
BORBA (D. Vasco COUTINHO, comte de), gouverneur d'Arzila. — T. I, 423 et n. 5 ; 424, 426.
BORDET, banquier à La Rochelle. — T. III, LXXV.
BORDET (Robert), agent français au Maroc. — T. III, IV, 748-752.
BORJA (le P. Francisco de). — T. I, 525, n. 1.
BOTELHO (Belchior). — T. I, 238.
BOTELHO (Diego). — T. II, 136 et n. 1 ; 138 et n. 1 ; 169, 181.
Bothen er-Roumman (bataille de). — T. III, 583 et n. 2.
Bou Akba (les deux batailles de). — T. I, 112 et n. 1. — T. III, 198 et n. 5 ; 578 et n. 5 ; 579.

Bou Ali (les), fraction des Andjera. — T. III, 423, 424.

Bou Azza, chef mauritanien. — T. II, 386 et n. 1.

Bou Beker. — Voir Abou Beker.

Boucckoize, Bou Cresia, Bou Curzia. — Voir Bou Kourzia.

Bou Doueïra, caïd des Beni Maguer. — T. I, 121 et n. 4; 125 et n. 11; 128, 129, 131.

Bou Fekran (oued). — T. II, 278 n. 1.

Boufers. — Voir Abdallah *el-Ouatik bi Allah* (Moulay).

Bougie. — T. I, 259.

Bou Hassoûn. — Voir Abou Hassoûn.

Bouibaoun (col et montagne de). — T. II, 258 n. 4; 259 n. 6; 261, 262, 265, 269, 271-273.

Bou Kourzia, famille. — T. II, 209 et n. 4; 296 et n. 3. — Voir Moumen Bou Kourzia.

Boulainvilliers (F. de), gentilhomme captif. — T. III, 160 et n. 1.

Bou Mzoura (bataille de). — T. III, 582.

Bourbon (Antoine de), roi de Navarre, duc de Vendôme. — T. I, 170, 173-177, 178-187, 189-192, 195-203, 211, 212, 220, 221, 230. — T. III, II, III.

Bourbon (Charles, cardinal de). — T. III, XIV et n. 1.

Bourbon (Charles, cardinal de Vendôme, puis de). — T. II, 196 et n. 2. — T. III, XXVIII et n. 4.

Bou Regrag (oued). — T. II. 265 et n. 3. — T. III, 332.

Bou Regrag (bataille de l'oued). — T. II, 444 n. 1.

Bourgaronne (le sieur de), consul à Safi. — T. III, LXXXIII, 434, 442.

Bou Takemoust. — T. II, 259 et n. 5; 265, 267, 309.

Bouthillier (Claude de), secrétaire d'État. — T. III, LXXXI, XCIII, 373, 375, 473, 475.

Bouthillier (Léon de), comte de Chavigny. — T. III, 485, 568 et n. 1.

Boyer, consul à Tétouan. — T. III, C n. 5.

Boyer (François de), seigneur de Bandol, consul à Safi, Mogador et Sainte-Croix. — T. III, XCIV-XCVI, 613 et n. 1; 614.

Boyer (Jules de), seigneur de Bandol. — T. III, XCV et n. 2.

Bragance (D. Jayme, duc de). — T. I, 34 et n. 2. — T. II, 249 et n. 2.

Bragance (D. João, duc de). — T. I, 552 et n. 4; 574, 586 n. 5; 624.

Bragance (D. João, duc de). — Voir João IV (D.).

Bragance (D. Theodosio, duc de). — Voir Barcelos (duc de).

Brahim (Sidi), marabout. — T. II, 464 et n. 2, 3, 4; 466 et n. 4.

Brantôme (Pierre de Bourdeille, seigneur de). — T. I, 270 et n. 2; 606 n. 2.

Brasset, résident français à La Haye. — T. III, 396 et n. 2; 638.

Brésil (javelines et bois de). — T. I, 5, 17, 18, 28 et n. 1.

Bretagne (États de). — T. III, LXXV, LXXVII, LXXVIII, 570, 571, 664-667.

Brèves (François Savary de), ambassadeur à Constantinople. — T. II, 202 et n. 1; 321 et n. 3; 326, 328. — T. III, XXXIV n. 6.

Brézé (Jean-Armand de Maillé, duc de). — T. III, 712 et n. 1.

Bridja (El-). — Voir *Mazagan*.

Brignault (le capitaine), lieutenant de Du Chalard. — T. III, 517-519.

Brion (Philippe de Chabot, amiral de). — T. I, 1, 2 et n. 3; 27 et n. 1. — T. III, 743 et n. 2.

Brito (Antonio de). — T. II, 136.

Brito (Luiz de). — T. I, 242.

Brito (Manuel de). — T. II, 168.

Brochero (D. Diego). — T. II, 462.

Brunault (Samuel), résident en Espagne. — T. II, 318, 319.

Buade (Geoffroy de), agent du roi de Navarre. — T. I, 201-205, 211, 212. — T. III, II, III et n. 1.

Buendia (D. Juan de Acuña, comte de), ambassadeur d'Espagne en France. — T. I, 188 et n. 3, 189.

Buysman (Outger Claesz.), capitaine. — T. III, XLVI.

Cabanes (Robert de Boniface de). — Voir Boniface (Robert de).

Cabiron (Antoine), agent français. — T. III, lxxiv et n. 7 ; lxxxvii-lxxxix, 394-396, 447-470, 472-480, 486 n. 3 ; 665, 716 et n. 4.
Cabrette (le capitaine), agent français. — T. I, 350, 351 et n. 2 ; 365, 460 n. 1. — T. II, 1 et n. 4 ; 2, 5-9, 11, 12, 16-19, 83. — T. III, iv-vii.
Cabus, caïd d'Azemmour. — T. II, 247.
Caceri (El-). — Voir Abdallah ben Ali el-Caceri.
Cachero (Thomas). — T. II, 168.
Çacoto. — Voir Mendes Çacoto.
Cadena Villasanti (Pedro), proveedor des galères d'Espagne. — T. III, 633.
Cadix. — T. I, 15 n. 2 ; 157, 204 n. 2 ; 211, 227, 255 n. 5 ; 259, 272, 283, 285, 470, 472 et n. 7 ; 475 et n. 5 ; 533, 535, 537, 638, 674. — T. II, 111, 230, 319, 331 et n. 7 ; 360, 442, 448, 451, 475, 479, 501, 502, 522, 523, 527, 544. — T. III, iii, xii, xviii, xxx n. 6 ; xxxvii et n. 2 ; xxxviii, xlv, lii, lvi, 49, 67. 258, 622, 654, 659, 660, 713.
Cadix (baie de). — T. II, 109, 566.
Cadix (gouverneur de). — T. II, 331.
Cadix (marchands anglais à). — T. III, 84.
Cadix (prise et pillage de). — T. II, 228-230.
Cadix (proposition de livrer cette ville au Chérif). — T. II, 230 n. 1.
Calabreja (Francisco). — T. I, 30.
Calandrini, patron de navire. — T. II, 368.
Caldeira (Francisco et Nicolau). — T. III, 22, 29.
Camelo (cap do). — Voir *Chameau* (cap du).
Canaries (descentes de corsaires barbaresques aux). — T. I, 290 et n. 3 ; 291 et n. 1. — T. II, 125 et n. 3 ; 127.
Canaveal (cap). — T. II, 253, 263, 307.
Canne à sucre. — Voir Sucre.
Canons. — T. I, 28 n. 2 ; 146, 379 n. 22 ; 453, 456, 467, 473 et n. 9 ; 475, 486, 488, 537, 632-634, 640, 642, 652. — T. II, 384. — T. III, xlix, l et n. 3.
Canons (fonderies de). — T. III, xlii.
Cantin (cap). — T. III, 25, 40.
Cap-Breton, port. — T. I, 193 et n. 5 ; 197.
Captifs. — Voir Esclaves.
Capucins. — Voir Franciscains.
Cardenas (D. Iñigo de), gentilhomme espagnol. — T. II, 464.
Cardenas (D. Juan de), frère du duc de Maqueda. — T. II, 575 et n. 2.
Cardenas (Juan de). — Voir Ciprian.
Carlos (D.), fils de Philippe II. — T. I, 188 n. 3 ; 224 et n. 2 ; 225 et n. 1 ; 226 et n. 2 ; 525 n. 1. — T. II, 46, 47 et n. 1. — T. III, v.
Carmona, ville d'Andalousie. — T. II, 205, 206, 448 et n. 1 ; 452 et n. 1 ; 454, 459, 467, 481.
Carro (Pedro Jeronimo). — T. II, 521 n. 2.
Carteret (George), amiral anglais. — T. III, 547 et n. 2.
Carthagène. — T. II, 571, 596. — T. III, xli et n. 6.
Carvalho (Afonso ou Alonso). — T. II, 168, 181.
Carvalho (Alvaro de), gouverneur de Mazagan. — T. I, 159-166, 174 n. 2 ; 232 n. 5.
Carvalho (Bernardim de), gouverneur de Tanger. — T. I, 240 et n. 1 ; 242.
Carvalho (Gaspar de), corregidor au criminel. — T. I, 22, 23, 24, 26, 30, 33, 34, 37, 38, 39.
Carvalho (Rodrigo de Sousa de). — Voir Sousa de Carvalho (Rodrigo de).
Casa do Cavaleiro, près du cap Blanc. — T. II, 252 et n. 1 ; 263, 307.
Casaubon, érudit. — T. III, xxiv.
Cascaes, port de Portugal. — T. I, 339, 530. — T. II, 14 n. 1 ; 70.
Castainhal, captif. — T. III, 89.
Castejana, officier espagnol. — T. III, 626.
Castelane (Jean Phelippe ou Philippe), consul de France à Safi. — T. II, 377 et n. 1 ; 378, 508 et n. 1 ; 541, 542, 544, 547-550, 552, 556-560, 562-564, 583, 584 et n. 1 ; 588, 591, 593, 601. — T. III, xxxii, xxxiii-xxxviii, xlv, lxviii, 6, 8 et n. 1 ; 10, 15-16, 51 et n. 2 ; 52-54.

110 et n. 1, 2 ; 117 et n. 1 ; 120 et n. 2 ; 131 et n. 2 ; 135, 136, 146 n. 1 ; 149, 151, 155 et n. 2 ; 214 et n. 1 ; 431 et n. 1, 2 ; 725 et n. 3, 4, 5 ; 733 et n. 1.
CASTELANE (Jean PHILIPPE), marchand français à Smyrne. — T. III, XXXIII n. 3.
CASTELANE (Henri PHILIPPE), père du précédent. — T. III, XXXIII n. 3.
CASTELANE (François de), marchand français à Tunis. — T. III, XXXIII n. 3.
CASTELBRANCO (D. Martin de). — T. I, 612.
CASTELLO NOVO. — Voir MASCARENHAS.
CASTILHO (João de), ingénieur et architecte portugais. — T. 142, 143.
CASTRO (D. Alvaro de), fils de D. Rodrigo. — T. I, 122, 124, 127, 128, 510.
CASTRO (D. Antonio de), comte de MONSANTO. — T. II, 14 et n. 1 ; 15 et n. 1 ; 69-73, 78 n. 1.
CASTRO (D. Diego de), fils de D. Fernando. — T. I, 653.
CASTRO (D. Fernando de). — T. I, 653.
CASTRO (D. João de). — T. I, 46, 141 n. 3.
CASTRO (Luis de), négociant portugais. — T. I, 124.
CASTRO (D. Manuel de). — T. III, 277.
CASTRO (Pedro de), capitaine de gens de pied. — T. I, 124.
CASTRO (D. Rodrigo de), gouverneur de Safi. — T. I, 118-132.
CATHERINE DE MÉDICIS, reine de France. — T. 216 et n. 1, 218, 222, 245, 254, 260, 286, 298, 312, 313, 316, 327 et n. 3 ; 339. — T. II, 13-15 ; 171.
CATHERINE D'AUTRICHE, reine régente de Portugal. — T. I, 214 et n. 8 ; 232, 310 et n. 3 ; 313, 410, 509, 522 et n. 3, 4 ; 581 et n. 3 ; 583, 671.
Cavalerie, cavaliers. — T. I, 99, 140, 141 et n. 2 ; 184, 185, 231, 458, 474, 491, 494, 499, 526, 537, 538, 544, 548, 549, 552, 553, 556, 557, 559, 563, 632, 639, 640, 642, 651.
CAVENDISH (Sir Henry). — T. II, 161 et n. 1 ; 162 et n. 3 ; 170.
CAYA VACHER, gouverneur de la kasba de Salé-Rbat. — T. III, 540, 544.
ÇAYAS (G. de), secrétaire de Philippe II. — T. I, 328 et n. 3. — T. II, 4, 5, 7.
CAZENAS (le sieur de), lieutenant de vaisseau. — T. III, 227.
Cèdres. — T. II, 256 et n. 1.
CEIR RAÏS, corsaire. — T. III, 533.
CENTELLAS (Joachim de), historien. — T. I, 398 et n. 4 ; 407-436.
CENTURIÓNI (Marco), commandant de galères. — T. I, 255.
CERVEIRA (Roque), captif portugais. — T. I, 134 et n. 1 ; 135, 136 et n. 2.
CESAR (D. Luis), colonel portugais. — T. I, 487, 641.
CESAR D'EÇA (D. Pedro), gentilhomme portugais. — T. II, 398 et n. 3, 5.
CÉSY (Ph. de HARLAY, comte de), ambassadeur de France à Constantinople. — T. III, 1 n. 1 ; 53 n. 2.
CESTIER (Antoine), marchand français à Madrid. — T. II, 547.
Ceuta. — T. I, 23 et n. 1 ; 37, 38, 62, 66, 75 et n. 4 ; 87, 98, 133, 134, 137, 138, 140, 157, 217 et n. 2 ; 222 et n. 2 ; 223, 227, 296, 339, 345 n. 2 ; 409 et n. 7 ; 412 et n. 5 ; 413 n. 4 ; 442, 507, 512 et n. 5 ; 576 et n. 1 ; 577 et n. 1 ; 590, 622, 625 n. 3 ; 665, 667 n. 5 ; 668 n. 2 ; 673 et n. 3. — T. II, 70, 232, 236, 287, 288, 290, 308, 311, 418, 449 et n. 2 ; 466. — T. III, LXXXVI, 85, 366 et n. 3 ; 367, 573, 596, 602, 603, 606, 607, 647, 659, 660, 700, 736 et n. 4 ; 737.
Ceuta (églises et couvents de). — T. III, 95.
Ceuta (prise de). — T. I, 93, 94.
CHABAN, eunuque. — T. III, 466.
CHABAN, renégat français. — T. III, 389, 704.
CHABERT, associé de SAINT-MANDRIER. — T. III, XXXIX, XL.
CHABOT (Philippe de). — Voir BRION.
Chacal. — T. I, 41 et n. 3.
Chaffarines. — Voir *Zaffarines*.
CHALOUM BEN AYAD, juif. — T. III, 26, 27.
Chameau (cap du). — T. II, 251 et n. 2 ; 262, 307.

Chameaux. — T. I, 17 et n. 1 ; 19, 123, 150, 468. — T. II, 217 et n. 3 ; 220, 250, 271, 275, 277, 291, 303, 386, 396. — T. III, 367, 709.

Chancellerie chérifienne. — T. III, XXIV.

CHANTONAY (Thomas PERRENOT DE), ambassadeur d'Espagne en France. — T. I, 188 et n. 1 ; 190-194, 197-199.

CHAOUCH PACHA, plénipotentiaire turc. — T. II, 89, 92.

CHAOUIA (les), tribus. — T. I, 468 n. 3.

Chaouia, région. — T. I, 72 et n. 2. — T. II, 250 et n. 1, 3. — T. III, 27, 47.

Chapelle consulaire. — T. III, XCVII, CII, 645 n. 2 ; 646 n. 1, 2, 3 ; 672 et n. 2.

CHARGUI. — Voir CHERAGA.

CHARLES Ier, roi d'Angleterre. — T. III, 192, 193 et n. 1 ; 217, 546 n. 4 ; 547, 550.

CHARLES IX, roi de France. — T. I, 213, 225, 229, 230, 243, 250, 254, 255, 258, 262, 264, 270, 277, 280, 283, 288, 290, 293, 301, 308, 310, 318, 320, 324 et n. 1 ; 331, 333, 336. — T. II, 23 et n. 2. — T. III, IV, VII et n. 1, 746-748, 753-755.

CHARLES-EMMANUEL Ier, duc de Savoie. — T. II, 506 et n. 1. — T. III, XXXIX-XLI.

CHARLES-QUINT, empereur. — T. I, 50, 55, 62, 63, 66, 111 et n. 1 ; 137 et n. 6 ; 153-156, 316, 334, 525 n. 1 ; 546, 576 n. 4 ; 596. — T. II, 121, 229.

CHARLES *le Téméraire*, duc de Bourgogne. — T. I, 233 n. 1.

Charouin, dans le Gourara. — T. II, 297 et n. 1, 7 ; 300 n. 6, 10 ; 311.

Chasse. — T. I, 518. — T. III, LXXXVII et n. 4.

CHATEAU-RENAUD (François-Louis de ROUSSELET, chevalier de), chef d'escadre français. — T. III, C.

CHAVES, capitaine de vaisseau espagnol. — T. III, 627.

CHEBÂNA (les), tribu. — T. II, 260 n. 6. — T. III, 47 et n. 1 ; 302 n. 2 ; 327 n. 1 ; 387 n. 1 ; 579 et n. 2 ; 583, 704 et n. 6 ; 705 n. 1.

CHEBANIA (Lella ECH-), femme de MOULAY AHMED *el-Mansour*. — T. III, 579 n. 2.

Chechaouen. — T. I, 240 et n. 3. — T. II, 286 et n. 2 ; 288-290, 310, 467 et n. 6. — T. III, 276.

Chef-de-Baie (rade de). — T. III, LXIX, 257 et n. 1 ; 261, 262, 298 et n. 2 ; 669.

CHEIKH (ECH-). — Voir ECH-CHEIKH.

CHEIKH ALI, CHEIKH AARASS, CHEIKH ISRAËL. — Voir ALI, AARASS, ISRAËL.

CHEILLAN (les deux), vice-consuls français à Tétouan. — T. III, XCVIII, XCIX.

CHEMIN (André), commissaire de la marine. — T. III, 204, 206-255.

CHENUI (le raïs EL-HADJ). — Voir SAÏD ADJENOUI.

CHERAGA (les), tribu. — T. II, 215 et n. 3 ; 216 et n. 3 ; 219, 222, 467 et n. 2. — T. III, 586 et n. 6.

CHERARDA (les), tribu. — T. III, 580.

CHESNEAU (Nicolas), imprimeur. — T. I, 399 et n. 5.

CHEVALIER (le P. Félix), religieux récollet. — T. III, XCVII, 646.

CHEVALLIER, captif. — T. III, 89.

Chevaux. — T. I, 19, 36, 115, 116, 125, 127, 129, 131, 145, 163 et n. 1 ; 467, 468, 526, 533, 627. — T. II, 106, 217 et n. 3 ; 255, 256. — T. III, XVI, 118, 203, 367, 506 et n. 6 ; 611, 635, 639 et n. 3 ; 735.

Chèvres. — Voir Peaux de chèvres, Maroquins.

CHIADMA (les), tribu. — T. III, 384 et n. 2.

CHOLMLEY (Sir Hugh), ingénieur anglais. — T. III, 698 n. 1 ; 736 n. 5 ; 737 et n. 1.

Christianisme au Maroc. — T. III, 93-98, 105 n. 6 ; 106, 343 et n. 1 ; 346, 347, 409, 414, 434, 487, 493, 645 n. 1 ; 646 et n. 1, 2, 3 ; 679 et n. 5 ; 719, 731.

CHRISTOPHE DE PORTUGAL (D.), fils de D. ANTONIO. — T. II, 151, 152, 157-160, 162, 163, 166-174, 177 et n. 1 ; 181, 182, 184, 188 n. 2 ; 190 et n. 2 ; 193 n. 3 ; 198-201, 228-230. — T. III, XV, XVI et n. 1.

Cimetières. — T. III, 681.

Ciprian, alias Juan de Cardenas, agent de D. Antonio et d'Élisabeth. — T. II, 178 n. 1 ; 185 et n. 1.

Cipriano de la Concepcion (le P.), capucin portugais. — T. III, 380 et n. 4 ; 385.

Cire. — T. II, 135, 144. — T. III, ciii, 122, 123, 430, 711.

Ciriça (Juan de), secrétaire d'État espagnol. — T. II, 557, 589, 590. — T. III, xxxiv n. 5.

Cirne (Manoel), portugais. — T. I, 158.

Cisneros (Diego de), gentilhomme du duc de Bragance. — T. I, 24 n. 5 ; 25 et n. 2 ; 26, 34, 37.

Cita al-Horra. — Voir Horra (Cita el-).

Citrani (Pierre), vice-consul français à Salé. — T. III, lxxxix n. 2 ; xcvii, n. 1 ; c-cii, 674 et n. 1.

Civette. — T. III, 123.

Claesz. (Outger). — Voir Buysman.

Clavicho, notable de Salé. — T. III, 313.

Clénard ou Cleynaerts (Nicolas), orientaliste. — T. III, xxiii.

Cloberry (W.), marchand anglais. — T. III, 543 n. 2.

Cloches. — T. III, 106 n. 3.

Cochefilet. — Voir Vaucelas.

Cochenille. — T. III, 723.

Cohen ou Cohin, juif de Safi. — T. II, 416.

Cohen ou Coing, juif de Salé. — T. III, 672.

Coignet de La Thuillerie (Gaspard). — Voir La Thuillerie.

Coïmbre (D. Jorge de Portugal, duc de), grand-maître de Santiago. — T. I, 43 et n. 1, 64-67.

Coislin (Charles du Cambout, marquis de), gouverneur de Brest. — T. III, 571 et n. 2 ; 665.

Colbert (Chrétien), captif à Salé. — T. III, 235.

Colbert (J.-B.), ministre de la marine. — T. III, xcix, c.

Coligny (Gaspard de), amiral de France. — T. I, 197 et n. 1.

Collas (Vivien), patron de navire. — T. II, 143, 145.

Collège de France. — T. III, xiv et n. 4 ; xvi, xvii, xxii, xxiii et n. 2 ; xxv, xxvi et n. 4.

Colombin de Nantes (le P.), capucin. — T. III, 267.

Colonna (Marc-Antoine), lieutenant de D. Juan d'Autriche. — T. I, 255, 310.

Comenge ou Comminges (Jean-Baptiste de), ambassadeur de France en Portugal. — T. III, 685-690.

Comenge ou Comminges. — Voir Guitaud.

Commanderies. — Voir Ordres militaires.

Compagnie des Albouzèmes. — T. III, ciii et n. 6.

Concini (Concino), marquis d'Ancre. — T. III, xl n. 4.

Condé (Louis de Bourbon, prince de). — T. I, 220, 222, 223.

Conestaggio (Hieronimo Franchi), historien. — T. I, 401 et n. 1 ; 506-574.

Constant (Samson-Pierre de), gentilhomme français. — T. II, 457-461, 464, 465, 470, 477 et n. 1 ; 478, 480, 481, 484, 488 et n. 2 ; 496, 498 et n. 3.

Constantine. — T. II, 256 et n. 2 ; 267.

Constantinople. — T. I, 50, 289, 346, 352 n. 1 ; 449, 450, 511, 631 et n. 2. — T. II, 100, 137, 150 et n. 2 ; 201, 202. — T. III, vi et n. 7 ; 754.

Consulat (droits de). — T. II, 28, 104, 107 et n. 6. — T. III, ix et n. 1 ; xxxii, lxxxi n. 8 ; xciii et n. 4 ; xcviii-cii, 8.

Consuls, consulats. — T. III, vii et n. 4, 6 ; xciv, xcv, 16, 409, 434, 487, 493, 498, 705 et n. 5 ; 706 et n. 5.

Contrebande de guerre. — T. I, 2, 22-39. — T. III, ii et n. 4 ; xi et n. 1 ; lxxi, 342-405, 414, 415, 419, 519 n. 3 ; 547, 722.

Contreras (le P. Fernando), rédempteur espagnol. — T. I, 138 et n. 2.

Contreras (Fernando de), écuyer du marquis de Villarcal. — T. I, 37, 38.

Conversion au christianisme. — T. I, 114-116, 208, 209, 274 n. 1. — T. III, 347, 439 et n. 1 ; 489 et n. 2.

Conversion à l'islamisme. — T. III, lxxxiv et n. 4 ; xcix.

Corail (pêche du). — T. III, xliv.

CORDEIRO (Pedro), maître des travaux à Mazagan. — T. I, 162 et n. 8.
CORDOBA (D. Luis de), colonel d'aventuriers espagnols. — T. I, 435, 652.
CORDOBA (D. Martin de), gouverneur d'Oran. — T. I, 240 n. 5.
CORMOLIN (Mr de). — T. III, 125.
CORNIER (Mr). — T. II, 548.
CORNWALLIS (Sir Charles), ambassadeur d'Angleterre en Espagne. — T. II, 341 et n. 1; 345 et n. 1.
Coron, en Morée. — T. I, 63 et n. 2.
CORREA (Jacinto). — T. III, 599.
CORREA DA FRANQUA (Lorenzo), adaïl de Tanger. — T. III, 425.
CORREA DA SILVA (Martim), capitaine de caravelle portugais. — T. I, 157, 158, 533, 534 n. 1; 595. — T. II, 205 et n. 7.
CORREA DA SILVA (D. Martim), gouverneur de Mazagan. — T. III, 20 n. 3; 595 n. 2; 596 n. 2.
Corsaires, course. — T. I, 47, 48, 186. — T. II, 337 n. 8. — T. III, 64, 66, 83, 87, 115 et note 2; 116 et n. 2; 146, 147 n. 1; 187 et n. 2; 188 et n. 3; 190, 196 et n. 4; 200, 208, 217 et n. 1; 225, 240, 241, 363, 530, 531, 547, 669, 670.
Corsaires anglais et hollandais. — T. I, 312, 315, 322 et n. 2. — T. II, 139, 321, 322, 359, 363, 365 et n. 4; 369, 428, 479.
Corsaires français. — T. I, 95 et n. 5; 186, 193, 194, 197, 199, 200, 285, 312, 315, 322 et n. 2.
Corsaires marocains. — T. I, 153 n. 2, 243 et n. 3; 245, 265 et n. 3; 278, 290, 291. — T. II, 24, 142. — T. III, XXX, XLI, XLII, LXIX, LXX, LXXIV et n. 6; LXXV et n. 1; 201.
Corsaires turcs et barbaresques. — T. I, 217, 219 et n. 2; 243, 247, 249, 256, 283-285, 357, 382. — T. II, 109, 286 et n. 4; 321-325, 332. — T. III, LI et n. 7; 80, 83, 226, 227, 294, 593 et n. 2.
Corse. — T. I, 261, 266, 271 et n. 1. — T. II, 536.
CORTE REAL (Vasco ANNES). — T. I, 46.
CORSO (Andrea Gasparo). — T. I, 460, n. 1; 519 n. 2; 571 et n. 3; 625 et n. 3. — T. III. XI et n. 3.
Coton, cotonniers. — T. III, 723.
COUCOURELA (Jean), patron de navire, de Barcelone. — T. III, 639.
Couperose. — T. I, 356 et n. 5.
COURLANDE (Guillaume KETTLER, duc de). — T. III, 711 et n. 1.
COURTEEN (William), marchand de Londres. — T. III, 518 et n. 4.
Couscouss. — T. II, 271 et n. 3 et 4; 412.
Couteaux. — T. I, 6, 7, 35, 36. — T. III, 123.
COUTINHO. — Voir BORBA et REDONDO.
COUTINHO (D. Gastão), gouverneur de Tanger. — T. III, 647 n. 6.
COUTINHO (D. Gonçalo), gouverneur de Mazagan. — T. III, 154 n. 2.
COY (Pieter Maertensz.), agent des Pays-Bas au Maroc. — T. I, IV. — T. II, 194 n. 1; 337 n. 8; 338 et n. 1; 348 et n. 5, 9. — T. III, XVIII et n. 3; XXIX et n. 1; XLVII.
CRAMANT (Bonaventure de), marchand de Rouen. — T. I, 303-307.
Crécerelles. — T. I, 19.
CRISTOBAL DE FLORES (le P.), franciscain, à Merrakech. — T. III, 380 n. 4.
Croisade (bulle de la). — T. I, 55 et n. 2; 72, 82, 281 et n. 3; 322 et n. 4; 336 et n. 2; 337, 522. — T. III, 116 et n. 3.
CROISY (Girard), captif à Salé. — T. III, 235.
Cuirs. — T. II, 294 n. 3; 353 et n. 5. — T. III, 123, 711.
Cuivre, rosette. — T. I, 185. — T. II, 24, 108. — T. III, IV et n. 2; IX, 748.
CUMBERLAND (George CLIFFORD, comte de). — T. II, 162 et n. 1.
CUPPER (Corneille), marchand à Rouen. — T. II, 133, 135, 143, 145.
CURIEL (Jeronimo de), agent espagnol à Paris. — T. I, 373-376.
CURIOL, alias CUREL (G.), consul français au Maroc. — T. II, 376-378, 508-510. — T. III, XXXII-XXXIV, 16.
CYPRIAN, CYPRIEN. — Voir CIPRIAN, CIPRIANO.

Da Camara. — Voir Gonçalvez.
Da Costa (Bento), alcaide mor de Sainte-Croix. — T. I, 110.
Da Costa (Diogo). — T. I, 123.
Da Costa (D. Francisco), ambassadeur portugais, puis espagnol, au Maroc. — T. II, 34 n. 7; 25 et n. 7; 199 n. 4.
Da Costa (Ignacio). — T. III, 597.
Da Costa (D. João), fronteiro à Tanger. — T. III, 425, 428.
Da Costa (D. Sebastião), gentilhomme portugais. — T. I, 378 et n. 1; 521 et n. 1.
Da Cunha (Antonio), envoyé de Moulay Mohammed *el-Mesloukh* auprès de D. Sébastien. — T. I, 454 n. 8; 462 n. 2; 512 n. 4.
Da Cunha (D. Lope). — T. III, 607.
Da Cunha (Manoel), évêque d'Elvas. — T. I, 659 n. 2.
Da Cunha (Ruy Gomes). — T. I, 659 n. 2.
Da Cunha (Simão), grand échanson de Portugal. — T. I, 654 n. 1; 659 et n. 1, 2; 660 et n. 1.
Da Cunha (Tristão), navigateur. — T. I, 659 n. 2.
Da Cunha (Tristão), conseiller de Jean III. — T. I, 46.
Da Cunha da Costa (Pero). — T. III, 29.
Da Cunha da Costa (Vicente), capitaine à Mazagan. — T. III, 22, 29, 35, 37, 42.
Dadès, montagne. — T. I, 410 et n. 3. — T. II, 293-295, 310.
Daer. — Voir *Aïer*.
Da Fonseca (Simão). — T. III, 599.
Da Fonseca (le Fr. Vicente), archevêque de Goa. — T. I, 624.
Da Gram, Da Gran (Gaspar), agent de D. Antonio au Maroc. — T. II, 124 n. 2; 131 et n. 1; 136, 149, 150, 181.
Damians ou Damiens (Guy), résident français au Maroc. — T. II, 70 et n. 1; 75 n. 4. — T. III, xiii.
Dan (le P.), religieux trinitaire et historien. — T. III, 557 et n. 4; 564 et n. 6.
Daniel (Jean), marchand anglais à Safi. — T. III, 447, 459, 467.
Daoud (Moulay), prince saadien, fils de Moulay Abd el-Moumen. — T. I, 538 et n. 2, 591 et n. 5. — T. II, 96 et n. 2. — *Généal. saad.*, n. 20.
Dambranne. — Voir Ouled Amran.
Dar ed-Drahm. — T. II, 293 et n. 6.
Dar ibn Michal. — Voir *Michal*.
Da Silva, Da Sylva. — Voir Silva.
Da Silveira. — Voir Silveira.
Datias (le P.). — Voir Athia (le P. d').
Dattes. — T. II, 401. — T. III, 118.
David. — Voir Andrada (Manuel de).
Dax (évêque de). — Voir Noailles (François de).
Daza (Juan), capitaine de lansquenets. — T. I, 611.
Debdou. — T. II, 284 et n. 1; 289, 290, 310.
Defiennes. — Voir Fiennes (de).
Delormel, lieutenant de Razilly. — T. III, 209.
Demnat. — T. II, 257 et n. 5; 264 et n. 2; 267, 309.
Deren (Adrar n-), massif de l'Atlas. — T. II, 243 et n. 2; 259 n. 6; 268 n. 6. — T. III, 583. — Voir *Atlas*.
Deridi (Ed-), caïd à Fez. — T. III, 581, 582.
Derna (bataille de l'oued). — T. I, 149 et n. 1.
Derna (le seigneur du Djebel), nom donné au marabout de Dila. — T. III, 574, n. 6.
Des Allois (comte), gouverneur de Melilla. — T. I, 55 n. 2.
Descartes, résident intérimaire en Espagne. — T. II, 436-465, 469-484, 487-489.
Deschamps, rouennais. — T. II, 135.
Descroix, lieutenant de M. de Lansac. — T. I, 10 et n. 2; 17 et n. 4; 57 et n. 3; 59, 65-66.
Deshayes (Daniel), dieppois établi en Espagne. — T. III, 201 et n. 1; 229-233.
Desmond (James Fitzgerald, comte de). — T. I, 529 et n. 1.
Desportes, agent de M. de Lansac. — T. II, 17 et n. 4; 57 et n. 3; 59, 65.
Des Roches (Martin Fumée, seigneur), chevalier de Malte. — T. III, 202, 203 et n. 2; 207 et n. 3; 213, 249, 254 n. 2; 260, 261, 264 et n. 3; 306, 734 et n. 5.

Destouches (le s[r]), exempt des gardes du Roi. — T. III, 446 et n. 1.
Dhar er-Remka (bataille de). — T. III, 581.
Diaz (Damian), capitaine de contingents espagnols. — T. I, 433, 652.
Diaz da França (Andres), adaïl à Tanger, puis gouverneur insurrectionnel. — T. III, 277, 598, 608.
Diaz da França (Ruy), contador à Tanger. — T. III, 598 et n. 4.
Diaz da Veiga (Ruy), veedor de Mazagan. — T. III, 21, 22, 35-37, 42.
Diaz de Cavalho (Francisco), agent de D. Antonio au Maroc. — T. II, 182.
Diaz de Trujillo. — Voir Trujillo.
Diaz de Villalobos (Manoel). — T. III, 597, 598.
Diaz Faleiro (Francisco), messager du gouverneur de Mazagan. — T. III, xliii, liv et n. 5, 6; 22-28, 30-32, 34, 35, 38, 40-42.
Diaz Varela (João), agent de D. Antonio au Maroc. — T. II, 147, 150, 162, 168.
Dieppe. — T. II, 135, 143, 145, 187 n. 1.
Dila (zaouïa de). — T. III, 196 et n. 5; 198, 572-583.
Dîme, impôt coranique de l'achour. — T. I, 186. — T. II, 402, 432 et n. 4. — T. III, 433 et n. 5.
Divarre (François de). — Voir Ibarra (Francisco de).
Djafer, eunuque, pacha d'Alger. — T. II, 113 n. 2.
Djebilat, montagne. — T. II, 243 et n. 5.
Djedida (oued). — T. II, 278 n. 1.
Djezoula. — Voir Guezoula.
Djorf el-Ihoud. — T. II, 253 n. 2.
Djouder, pacha, conquérant du Soudan. — T. II, 233, 329 n. 4; 403 et n. 2. — T. III, lviii.
Djouder ben Abdallah, ambassadeur chérifien en Angleterre. — T. III, xcii et n. 3; 546 et n. 4; 550 et n. 2; 553 et n. 1.
Dogali (Ed-). — Voir Saïd ed-Dechâli.
Domingo del Rosario (le Fr.), confesseur de la reine de Portugal. — T. III, 685 et n. 5; 686, 689, 690.
Doréïdi. — Voir Deridi.
Doria (Andrea), prince de Melfi, capitaine général de la mer. — T. I, 50, 63 n. 2.
Doria (Antonio), chef d'escadre. — T. I, 50.
Doria (Carlo). — Voir Tursi.
Doria (Giovanni-Andrea), chef d'escadre. — T. I, 255, 289, 338.
Douanes. — T. II, 333, 432 et n. 4. — T. III, lxiii, 190, 193 et n. 2; 194, 216 et n. 1; 362, 370 et n. 5; 455 n. 2; 473, 541, 543 n. 2; 579 et n. 6; 719 et n. 1.
Douïat (Ed-). — T. II, 278 n. 3.
Doukkala, région. — T. I, 48, 54, 60, 61, 85, 96. — T. II, 219, 237, 245-247, 254, 262, 264, 394 et n. 1. — T. III, xliv, xlvi, 21, 27, 47, 48, 56 et n. 2; 383 et n. 2.
Douwes (Thomas). — T. II, 595 et n. 1.
Dovara (Luigi), ambassadeur de Toscane en Espagne — T. II, 115 n. 4.
Draâ (le), région et rivière. — T. I, 109 et n. 3; 147, 149. — T. II, 237, 292-295, 401 et n. 4. — T. III, lii, xcii, 2, 372 et n. 4; 545, 580-582, 717.
Draâ (bataille de l'oued). — T. II, 555 n. 2.
Dragut Raïs, corsaire. — T. I, 256 et n. 1.
Drake (Francis). — T. II, 132.
Drake (expédition de Francis) en Espagne et en Portugal. — T. II, 162, 172, 176, 178, 180, 186 et n. 1; 205 et n. 10. — T. III, 66.
Draps, draperies. — T. II, 333. — T. III, 118, 724.
Duarte (D.). — Voir Édouard (D.).
Du Bouezic (Jean), procureur syndic des États de Bretagne. — T. III, 664-666.
Du Chalard (Gratien), père de Priam-Pierre Du Chalard. — T. III, lxxiii, n. 1.
Du Chalard (Marie), sœur de Priam-Pierre Du Chalard. — T. III, lxxviii n. 3.
Du Chalard (Priam-Pierre), chef d'escadre. — T. III, lxix-lxxxi, lxxxiii, lxxxvii-xci, xciii, 98 et n. 2; 196, 200-202, 207 et n. 1; 227-229, 238, 239, 243, 244, 246, 247, 252 et n. 2; 254, 256, 257, 259-261, 264, 265, 271, 282 et n. 1; 288-292, 296, 298, 306, 308, 309, 313-315, 317, 318, 320, 321, 323, 324 et n. 1;

328, 329, 338-340, 343, 346, 371, 373, 375, 390-396, 399-407, 411, 413, 416, 418 et n. 2, 3; 432, 433, 436 et n. 2; 437, 440, 441, 445, 446, 448-450, 452-455, 471-480, 483, 486-492, 494, 499, 513, 515-520, 526, 527, 534, 537, 557, 558, 565, 568-569, 589, 590 et n. 6; 591, 664-667, 706, 725 et n. 1; 735.

Duero y Ayala (D. Juan de), officier espagnol. — T. III, 615-618, 622-627, 631-634.

Du Fargis, agent de Gaston d'Orléans. — T. III, lxxxiv.

Du Ferrier (Arnaud), ambassadeur à Venise. — T. II, 94 et n. 1, 95.

Du Galion, chrétien au service de Moulay Zidan. — T. III, l.

Du Mas (Claude), agent français au Maroc. — T. III, xliv-xlvi, liv-lvii, lxv, 51 et n. 1; 54-56, 88, 101 et n. 4; 102, 120 et n. 3; 706 et n. 1.

Du Maurier, ambassadeur de France aux Pays-Bas. — T. II, 558, 579-582, 587, 592, 594-596.

Du Mont, agent français. — T. III, 250 et n. 1; 251, 342 et n. 1; 380 et n. 6.

Duppa (John), agent anglais. — T. III, 83 n. 1.

Du Pré-Hilary, capitaine de vaisseau. — T. III, 283 et n. 5; 293, 309 n. 1; 310 et n. 1; 314, 565 et n. 5.

Du Puy (Julien), agent de Razilly et de Du Chalard. — T. III, lxxiv, lxxxiii, lxxxiv, lxxxvii et n. 5; 394 et n. 7; 441-445, 449 et n. 5; 510 et n. 1; 511.

Duret (Catherine), femme d'Arnoult de Lisle. — T. III, xiv.

Duret (Jean), médecin, beau-frère d'Arnoult de Lisle. — T. II, 315. — T. III, xvii, xxii et n. 8.

Duret (Louis), médecin de Charles IX et d'Henri III, beau-père d'Arnoult de Lisle. — T. III, xiv et n. 2.

Duro (Pedro). — T. II, 168.

Du Tas (Pierre), capitaine de vaisseau. — T. III, 105 n. 3.

Dutiez, compagnon de Razilly. — T. III, 112-114.

Du Tillac, captif français. — T. III, 238.

Du Tremblay (Charles Leclerc), gouverneur de la Bastille. — T. III, lxi, 734 et n. 3.

Du Tremblay (François Le Clerc). — Voir Joseph (le P.).

Duvenvoorde (Jean de), amiral hollandais. — T. II, 228 n. 1.

Eanes. — Voir Freytas.

Eboli (prince d'). — V. Gomez de Silva (Ruy).

Ébrard (J. d'). — Voir Saint-Sulpice.

Eça (d'). — Voir Cesar d'Eça et Sa ou Saa (de).

Écarlate (drap). — T. I, 6, 35 et n. 3.

Ech-Cheikh, prince mérinide, fils d'Ahmed *el-Ouattassi*. — T. I, 149.

Ech-Cheikh (Moulay), prince saadien, fils de Moulay Mohammed *el-Mesloukh*, connu sous le nom de D. Felipe de Africa, Felipe Xarife. — T. I, 274 n. 1; 470 et n. 7; 471 et n. 6; 512 n. 5; 533, 534 n. 1; 538 et n. 1; 576 et n. 1, 2; 588, 589 n. 2; 595 et n. 1; 639 et n. 2; 664 n. 3; 668 n. 4. — T. II, 204, 205 et n. 6; 226 et n. 4. — T. III, 34 n. 3. — *Généal. Saad.*, n. 30.

Ech-Cheikh *el-Mahdi* (Moulay). — Voir Mohammed ech-Cheikh *el-Mahdi* (Moulay).

Ech-Cheikh *el-Mamoun* (Moulay). — Voir Mohammed ech-Cheikh *el-Mamoun* (Moulay).

Ech-Chérif (Moulay), premier sultan filalien. — T. III, 579-581.

Échecs (jeu d'). — T. II, 408.

Édeline, captif, fils d'un conseiller au Châtelet. — T. III, 148.

Édouard (D.), roi de Portugal. — T. I, 94 et n. 3; 522 et n. 2.

Edris (Moulay), patron de Fez. — T. I, 207 et n. 2.

Effiat (Antoine Coiffier de Ruzé, marquis d'), surintendant des finances. — T. III, 149 et n. 2.

Elches, soldats renégats. — T. I, 592, 593, 604, 610, 625, 657, 659. — V. Renégats.

Elda (D. Antonio Coloma, comte d'),

capitaine général des galères de Portugal. — T. II, 545, 567 et n. 2 ; 570.
Éléphants. — T. III, 717.
Élisabeth, reine d'Angleterre. — T. I, 460 n. 1 ; 529. — T. II, 138 et n. 2, 4 ; 146, 151-153, 164, 165, 168, 171, 173, 176, 178, 179, 181, 184, 186-190, 192, 200, 201 et n. 2 ; 205, 322. — T. III, iv.
Élisabeth de Valois, reine d'Espagne. — T. I, 188 n. 3 ; 190, 191, 195 et n. 1 et 4 ; 203, 258, 262, 264, 270 et n. 1 ; 271, 277.
Embarek. — Voir Ben Embarek.
Embarek (l'amin). — T. III, 448 et n. 1.
Embarek ben Melek. — T. I, 109 et n. 6.
Emmanuel (D.), fils de D. Antonio. — T. II, 180, 337 et n. 9. — T. III, xvi n. 1 ; xviii et n. 4.
Emmanuel *le Fortuné*, roi de Portugal. — T. I, 44 n. 1 ; 48 et n. 1 ; 94 et n. 6 ; 411 et n. 6, 7 ; 412 et n. 1 ; 415, 421-423, 669. — T. II, 432.
Emmanuel-Philibert, duc de Savoie. — T. III, xl, xli et n. 1.
Empereur (l'). — Voir Charles-Quint et Rodolphe II.
Emprunt français. — T. II, 25. — T. III, ix et n. 2.
En-Nasser. — Voir Nasser (en-).
Enzina, caïd du pacha Mustapha. — T. II, 467.
Épave (droit d'). — T. I, 186 et n. 2.
Épées. — T. I, 27 et n. 3 ; 28, 32, 33, 35, 183.
Épices. — T. II, 333. — T. III, 724.
Escallon (Dª Julia). — T. I, 274 n. 1.
Escargots. — T. II, 389.
Esclaves chrétiens. — T. I, 37, 204, 240, 243, 244, 291, 303 n. 5 ; 311, 460 et n. 2, 3 ; 501. — T. III, xlix, l, lxxv, lxxvii, lxxviii, 5-8, 10, 12, 13, 105-109, 113, 114, 116, 131-133, 137, 142, 144-146, 150, 153, 161-165, 168, 169, 172-178, 181, 182, 190 et n. 6 ; 193, 196, 197, 212-214, 221, 222, 224-227, 232-239, 241, 243-245, 258, 260, 267, 269-271, 294, 295, 297, 298, 301, 306, 317, 318, 321, 322, 324, 326-328, 340, 342, 346, 348, 355-357, 364, 365, 372, 379, 380 et n. 2 ; 382-385, 387, 391, 392 et n. 7 ; 394 et n. 6 ; 414, 433, 442, 449 et n. 4 ; 457, 463, 464 et n. 1 ; 466, 468 et n. 3 ; 472, 479, 482, 486, 490, 491, 503-505, 527, 531, 537-539, 543, 544, 546, 549, 554, 558-562, 564, 570, 571, 589, 592-594, 629, 635, 639, 640, 642, 645 et n. 1 ; 664-684, 713 et n. 3 ; 721, 725, 731, 756.
Esclaves chrétiens (rachat ou délivrance d'). — T. I, 134-137, 186, 187, 353 et n. 1, 2 ; 355-357. — T. III, ix, xxxv et n. 1 ; xlix, li et n. 6 ; lii, liv et n. 7 ; lvi, lvii, lx, lxi, lxiii, lxv, lxvi, lxviii, lxix, lxx, lxxi, lxxii, lxxv, lxxvi et n. 3 ; lxxvii et n. 1 ; lxxviii, lxxix, lxxx, lxxxi et n. 5 ; lxxxvii, lxxxviii, lxxxix et n. 6 ; xc, xci, xcii, cxiii, 14 n. 1 ; 17, 51, 86-89, 90-92, 94-96, 98 et n. 2 ; 103, 116, 117, 120, 121, 124, 130, 148, 149 et n. 3 ; 151-158, 162, 166, 170, 193, 200-203, 211-213, 216, 217, 221, 222, 225, 227, 228, 242, 248-250, 254, 257-268, 290, 291, 294, 295, 297-299, 301, 302, 304, 306, 310-313, 317, 320, 322-325, 327, 337, 338, 340, 353, 354, 365, 372, 373 n. 4 ; 375, 389-393, 398 et n. 1 ; 400, 404, 405, 407-409, 413-416, 418, 432, 433, 435, 436, 439, 440, 446, 448, 454 et n. 2 ; 455, 457-459, 472-474, 476-478, 480-483, 485, 487, 490-493, 498, 501, 503-505, 508-510, 512, 513, 515 et n. 1, 2 ; 518 et n. 3 ; 522 n. 1 ; 523 et n. 4 ; 527, 530 et n. 3 ; 531, 537 et n. 2 ; 548, 553-562, 565 et n. 6 ; 568, 570 et n. 1 ; 571, 589, 591-594, 642, 664-684, 712, 713, 724 et n. 7, 8 ; 725 et n. 1 ; 734, 735, 757.
Esclaves chrétiens (évasion d'). — T. III, xc, xci, 537, 539, 559 et n. 6, 7 ; 716.
Esclaves chrétiens (hôpital pour les). — T. I, 504 et n. 2.
Esclaves mores ou turcs. — T. III, 219, 221, 222, 224, 228, 232, 258, 275, 295, 340, 481, 482 et n. 2 ; 485, 639, 640, 675.
Escobar ou Escovar (Antonio de), alias

Sanson, espion de Philippe II. — T. II, 124 et n. 1; 129, 131, 132, 136, 138, 168 et n. 2; 169, 171, 204.

Escoffié (le P.), trinitaire. — T. III, 557, 559, 564 et n. 6; 592 et n. 3; 593.

Escopettes. — Voir Arquebuses.

Esmery, patron de navire. — T. III, lxiii, lxiv, 552 et n. 1; 554.

Espagne. — T. I, 50, 153 n. 2; 182 n. 1; 214, 226-228, 246, 248-251, 254, 255, 259-261, 292-297, 311, 329. — T. II, 72, 109, 124 n. 2; 138 n. 1; 176, 206, 221, 331-334, 337. — T. III, iv, v, xx, xxv, xli, 596.

Espagnols (mercenaires). — Voir Bandes.

Espingoles. — Voir Arquebuses.

Essex (Robert Devereux, comte d'). — T. II, 228, 229 et n. 1, 3; 230.

Estebes ou Esteves (Matteus), portugais attaché à D. Antonio. — T. II, 182.

Estivalle (Bernard d'), officier marinier français. — T. I, 30 et n. 3.

Étain. — T. II, 107.

Étain (mines d'). — T. III, lxiv, 588 et n. 2.

Éthiopie. — T. III, 717.

Euldj Ali, beglier-bey d'Alger et capitan pacha. — T. I, 291 n. 5; 297, 299 n. 3. — T. II, 67 et n. 3; 68, 88, 92, 94, 95 n. 3; 96 n. 1; 97 et n. 3; 113 n. 2; 116 et n. 2; 122 et n. 5. — T. III, 754 n. 4.

Euldj Hassan. — Voir Hassan Veneziano.

Eunuques. — T. III, 333 et n. 2; 359, 384, 387, 388, 457, 463, 464, 466, 467, 468, 728.

Evertsen (Jan), amiral hollandais. — T. II, 567 et n. 4, 5. — T. III, xlii.

Evora. — T. I, 2, 30 n. 1, 527.

Exeter. — T. II, 183 n. 1. — T. III, lxxxviii.

Fabre (Jacques), marchand français au Maroc. — T. III, xlviii-l, 706 et n. 2.

Fabre (J.-B.), marchand français à Constantinople. — T. III, xxxiii n. 3.

Facteur au Maroc. — Voir Vertia (François).

Fajardo (D. Juan), amiral espagnol, fils de D. Luis Fajardo. — T. III, 733.

Fajardo (D. Luis), marquis de Los Velez. — T. I, 217, 286, 289.

Fajardo (D. Luis), fils du marquis de Los Velez, capitaine général de la flotte de l'Océan. — T. II, 392 et n. 6; 437, 445, 448, 451, 470, 542, 544, 548, 550, 557, 567 n. 5; 568, 571, 573, 575, 577, 596 n. 1. — T. III, xxxiv n. 5; xxxvi, xxxvii, xlii, 6, 13, 18, 49.

Faleiro. — Voir Diaz Faleiro.

Famine. — T. III, 159, 161, 167, 181, 201, 540.

Farès ou Fers (Sidi), envoyé de Moulay Zidân en France. — T. III, xlv, liv-lviii, lxvi-lxviii, 54, 100 et n. 6; 106, 117 et n. 2; 120 n. 4; 732, 733.

Faria (D. Francisco de), dernier évêque de Merrakech. — T. III, 96.

Faria (Luis de). — T. I, 235.

Farnèse (Alexandre), prince, puis duc de Parme. — T. II, 103.

Faucons, fauconnerie. — T. I, 6, 19 et n. 5, 6; 37. — T. II, 244 et n. 4; 245, 250, 491. — T. III, ii.

Fauvry, fils de Mustapha pacha. — T. II, 222.

Fedala. — T. II, 251 et n. 3; 262, 306. — T. III, 50, 196, 208 et n. 3; 209, 224, 227, 540 et n. 1; 547 et n. 3; 700 et n. 3; 737.

Felipe de Africa, Felipe Xarife (D.). — Voir Ech-Cheikh (Moulay).

Fer. — T. II, 107. — T. III, 118, 123, 724.

Ferdinand *le Catholique*, roi d'Espagne. — T. I, 424. — T. III, 63 et n. 2; 70.

Ferdinand Ier. — Voir Toscane.

Ferdinand III, roi de Castille. — T. III, 94 n. 2; 95.

Feria (Jane Dormer, duchesse de). — T. II, 340 et n. 2.

Fernand de Portugal (l'infant D.), fils de Jean Ier, prisonnier à Fez. — T. I, 94 n. 3; 517, 522, n. 2.

Fernandez (Antonio), chapelain de D. Christophe. — T. II, 168.

Fernandez Duarte, agent espagnol au Maroc. — T. II, 200 n. 2.

FERNANDEZ PAEZ (Antonio). — T. III, 30.
FERNANDEZ PITA (Melchior), officier espagnol. — T. III, 649, 651, 652, 659, 660.
FERNANDEZ TAVARES (Juan), chevalier de l'ordre du Christ. — T. III, 278.
FERNANDINA. — Voir TOLEDO.
Ferq er-Rihh (col de). — T. II, 259 n. 6.
Ferrare. — T. II, 182.
FERREIRA TAVEIRA (Domingo), greffier à Mazagan. — T. III, 22, 29, 30, 32.
Fèves. — T. II, 250, 255, 389.
Fez. — T. I, 2, 18, 24, 25, 27, 29, 32, 34, 43, 134, 136, 138, 149, 150, 150 n. 3; 153 n. 2; 198 n. 1; 202 n. 4; 203, 204, 207, 241, 295 n. 5; 315, 346, 352 n. 1; 444, 446-448, 450 et n. 3; 453, 455, 456, 499, 501, 561, 568, 632, 633, 647. — T. II, 201, 216, 217 et n. 1; 219 et n. 2; 220-222, 226 et n. 1, 261, 275-282, 288-290, 302, 309, 415, 431, 525, 555. — T. III, I-III, XXVIII, 2, 79, 362, 363, 572 et n. 4, 5; 578, 580-583, 586, 700, 701 et n. 4; 710, 713, 714 et n. 3; 736.
Fez (habitants de). — T. II, 279.
Fez el-Bali ou *Fez* (*Vieux-*). — T. I, 149, 153 n. 2. — T. II, 278, 279. — T. III, 581-582.
Fez el-Djedid ou *Fez* (*Nouveau-*). — T. I, 149, 153 n. 2. — T. II, 278. — T. III, 581, 582.
Fez (oued). — T. II, 278, 279.
Fez (prise de). — T. I, 149 et n. 4; 153 n. 2; 440. — T. II, 467 et n. 4; 469.
Fez (royaume de). — T. I, Pl. I, 49, 53-55, 61, 62, 66, 69, 72, 73, 76, 80, 86, 96, 243 et n. 4; 410 et n. 4; 448, 456, 568, 569, 629. — T. II, 277-290.
Fichtala. — T. I, 110 et n. 2; 111.
FIENNES (Jean-Baptiste de), secrétaire interprète. — T. I, n. 1; 13.
Figues. — T. II, 256.
Figuig. — T. I, 441. — T. II, 283 et n. 2; 289, 310.
Finisterre (cap). — T. I, 30. — T. II, 138. — T. III, 239, 530.
FIZES (Simon de). — Voir SAUVES.
Flandres. — T. I, 153 n. 2; 224, 524, 525, 529, 581 n. 2. — T. II, 423.
Flèches. — T. I, 124.
Flibustiers. — T. III, 147 n. 1.
Florence (galères de). — T. I, 247, 255.
Floride (expéditions en). — T. I, 278, 279, 466 n. 2.
Fonti. — Voir *Sainte-Croix.*
Forçats. — Voir Galériens.
FORMENTO (Alexandre), commissaire du Pape. — T. I, 484 et n. 3; 498 et n. 2; 638 et n. 3; 643, 647.
FORNIER ou FOURNIER (Georges), consul au Maroc. — T. II, 194-197, 376 n. 2. — T. III, XXVII-XXIX, XXXII, 759-761.
FOUCAULD (Vte Ch. de). — T. II, 231.
FOUREAU (Léon), secrétaire du Roi. — T. III, 6, 7.
FOURQUEVAUX (Raymond de BECCARIE DE ROUER, baron de), ambassadeur de France en Espagne. — T. I, 248, 280-302, 308-319.
FOURREY (Jehan), captif. — T. III, LXI, 91.
FRANCESCHINI. — T. I, IV.
FRANCHEMONT, secrétaire d'ambassade à La Haye. — T. II, 534, 535.
FRANCISCAINS. — T. III, LX et n. 5; LXXX, 93-113, 129-183, 263-272, 303 et n. 1; 313-315, 328, 337-349, 382, 383, 385, 486-491, 645 n. 1. — Voir AGNELO, FRANÇOIS D'ANGERS, JOSEPH, MICHEL DE VEZINS, PIERRE D'ALENÇON, etc.
FRANÇOIS Ier, roi de France. — T. I, 1-13, 26-28, 33, 35, 40-42, 137 et n. 6. — T. III, I, II, 745.
FRANÇOIS II, roi de France. — T. I, 175, 196 n. 2; 198-200, 202. — T. III, III.
FRANÇOIS D'ANGERS (le P.), capucin. — T. III, LXI, LXV, LXVIII n. 1; 99-111, 129-183.
FRANÇOIS D'ASSISE (Saint). — T. III, 93.
FRANÇOIS DE MAILLY (le P.), capucin. — T. III, 669.
FRANQUEZZA (D. Pedro), secrétaire d'État en Espagne. — T. II, 350 et n. 3; 353, 354.
FREYTAS (Felipe de), valet du duc de Bragance. — T. I, 25, 37.

FREYTAS (G. EANES DE), greffier portugais. — T. I, 23.

FREYTAS DE SEQUEIRA (Jeronimo de). — T. III, 608.

Frondes. — T. I, 294.

Fronteiras ou fronteras, places portugaises ou espagnoles au Maroc. — T. I, 55 n. 2 ; 442 n. 1 ; 508 et n. 2. — T. II, 174 et n. 3. — T. III, XXXI, LIII et n. 4 ; 62-81, 83, 85, 578.

Fronteiros, officiers ou soldats formant la garnison permanente des fronteiras. — T. I, 534 n. 2 ; 551 n. 4 ; 552 et n. 5 ; 553, 557-559, 640, 674.

Frouga. — T. II, 258 et n. 1 ; 259 et n. 2 ; 265, 267, 309.

FUENTÈS (Pedro ENRIQUEZ DE AZEVEDO, comte de), général espagnol. — T. II, 507.

Funchal. — T. III, XCII, 545.

Fustes. — T. I, 54 et n. 5 ; 164, 165 et n. 3.

Gago. — T. III, 359, 406, 545 et n. 3 ; 710-712, 717. — Voir *Soudan*.

Galice. — T. I, 341.

GAMA (Vasco da), comte de VIDIGUEIRA, ambassadeur de Portugal en France. — T. III, 607 et n. 1.

Gambie (établissements anglais de la). — T. III, 710 et n. 3 ; 711 n. 1 ; 712, 717.

Galères. — T. I, 50. — T. II, 107, 175, 380. — T. III, 531 et n. 3.

Galériens. — T. I, 262, 263, 277, 278, 424 et n. 1. — T. II, 108.

Gara (bataille d'*El-*). — T. III, 580 et n. 3.

GARANDEAU, patron de navire. — T. III, 299, 300.

Garet, province. — T. I, 410 et n. 4. — T. II, 237.

GARRIDO (Antonio), officier espagnol. — T. III, 616, 626, 634.

GASPAR DE BENEMERIN (D.), alias INFANTE DE FEZ, prince mérinide. — T. I, 274 n. 1. — T. III, 59 et n. 1, 2 ; 61 et n. 1.

GAUTIER (Pierre), vice-consul français au Maroc. — T. III, XCVIII, C.

GAZAN (Durand), rochellais au service de l'Espagne. — T. II, 505 et n. 1.

Gazelles. — T. II, 244, 245. — T. III, 714.

Gênes (galères de). — T. I, 50, 255.

Genévriers. — T. II, 256 n. 1.

GENOUI (Sidi SAÏD) — Voir SAÏD ADJENOUI.

GÉRARD (Gilles), patron de navire. — T. II, 316, 317.

Gerfauts. — Voir Faucons.

GERMAIN (Antoine), consul de Marseille. — T. III, 760, 762.

GERMIGNY (Jacques de), ambassadeur de France à Constantinople. — T. I, 381 n. 1. — T. II, 67, 68, 86, 88-90, 91-93, 95-97, 112, 113, 117, 121.

GHAÏLAN (Sidi AHMED EL-KHIDER BEN ALI), chef indigène. — T. III, 581, 582 et n. 3 ; 583 n. 1 ; 596, 698 et n. 3 ; 702 et n. 3 ; 703 et n. 2 ; 736, 737 et n. 4.

Ghaït (El-). — T. II, 244 et n. 1.

Gharb (El-), région. — T. III, 580, 582.

GHOMARA (les), tribu. — T. I, 243 et n. 3 ; 246 n. 2 ; 260, 268, 278.

GIBBIONS (Jean), armateur anglais. — T. III, 519, 521.

GIBON (Guillaume), captif français. — T. III, 91.

GIBON (Jehan), captif français. — T. III, LXI et n. 3 ; 91.

Gibraltar. — T. II, 497. — T. III, VII, VIII, XI, LXXXIV, 531.

Gibraltar (détroit de). — T. I, 214 et n. 7 ; 227, 295. — T. II, 125, 127, 317, 332, 333, 358. — T. III, VI, 514 et n. 2.

GIFFARD (le capitaine), Anglais au service de MOULAY ZIDÂN. — T. II, 428 n. 3.

GIMBERT. — Voir LA PALME.

GIRAUD (Monet), captif français. — T. III, 756, 757.

GIUDICELLI. — Voir Napollon (Samson).

GIUGNI (Niccolo), agent toscan. — T. II, 338 n. 7.

Glaoui, montagne et kasba. — T. II, 268 n. 6 ; 269 n. 1 ; 292 et n. 2 ; 294, 295, 310.

GLATIGNAN, major de Calais. — T. III, 124.

GODIN (Manuel). — T. II, 136.

GODOY (Luis de), officier espagnol. — T. I, 551, 601.

Golea (El-). — T. II, 302 et n. 2 ; 303 et n. 1.

GOLIUS. — Voir VAN GOOL.

GOMEZ (Alvaro), alcaide mor de Mazagan. — T. I, 238.

GOMEZ (Diogo). — T. III, 22, 29.
GOMEZ DE LEMOS, contador à Mazagan. — T. III, 22, 29, 32.
GOMEZ DE MEDINA (Juan), amiral espagnol. — T. II, 34 et n. 1.
GOMEZ DE MEDINA (Lorenço), officier espagnol. — T. III, 617, 622, 625, 632, 633.
GOMEZ DE SILVA (D. João), ambassadeur de Portugal à Rome. — T. I, 521.
GOMEZ DE SILVA (Ruy), prince d'EBOLI, ministre de Philippe II. — T. I, 212 et n. 1; 332 et n. 2.
Gomme. — T. III, 123, 739.
GONÇALVEZ (Baltasar), pilote portugais. — T. II, 184.
GONÇALVEZ (Bras). — T. III, 22, 29.
GONÇALVEZ (Fernão). — T. III, 22, 29.
GONÇALVEZ (le P. Miguel), desservant de l'église de Mazagan. — T. III, 28, 29.
GONÇALVEZ DA CAMARA (le P. Luiz), confesseur de D. SÉBASTIEN. — T. I, 317 n. 2; 413 n. 9; 671.
GONÇALVEZ DA CAMARA (Martinho). — T. I, 413 n. 9, 510 et n. 1.
GONÇALVEZ DA CAMARA (Pedro). — T. I, 123, 128.
GONÇALVEZ COTTA (Antonio). — T. III, 22, 29.
GONDI ou GONDY. — Voir RETZ.
GONDY (le sieur de), prêtre de l'Oratoire. — T. III, 439 et n. 1.
GONSALVES ou GONSALVEZ. — Voir GONÇALVEZ.
GONZAGUE (Charles de). — Voir NEVERS.
GORRI, caïd. — T. I, 593.
GOSSELIN (Guillaume), patron de navire. — T. II, 103.
Gourara (le). — T. II, 232, 235, 236, 297-304, 311.
Grains. — T. II, 250, 255, 410. — T. III, LX. — Voir Blé.
GRAND MOGOL (le). — T. III, 719.
GRAND SEIGNEUR (le). — T. I, 137, 138, 295 n. 5; 296, 333 et n. 1; 350, 353, 357 et n. 3, 6; 361 n. 1, 362, 365, 386, 390, 439, 447, 449, 452 et n. 3; 626. — T. II, 67 n. 2; 83, 86, 88, 89, 91-93, 95, 97-100, 108, 111, 117, 118, 126, 150 et n. 2; 188-190, 200-202, 319, 423, 526. — T. III, V, VI, XXXIII, XXXIV, 2-5, 7, 10, 12, 41, 305, 754.
GRAND TURC. — Voir GRAND SEIGNEUR.
GRANVELLE (Antoine PERRENOT, cardinal de). — T. I, 220 et n. 2.
GRÉGOIRE IX. — T. III, 94 et n. 4.
GRÉGOIRE XIII. — T. I, 466 n. 2; 529, 530.
Grenade (ville et royaume de). — T. I, 223, 287, 289, 295, 297. — T. II, 100, 517. — Voir Moriscos.
GRIPOYS (Nicolas), marchand à Rouen. — T. II, 145.
GUARDA (Fernand de PORTUGAL, duc de), fils de D. EMMANUEL. — T. I, 52-56, 95 n. 1.
GUEFFIER, agent de France à Turin. — T. III, XXXIX n. 1; XL.
Guadalupe (entrevue de). — T. I, 464 et n. 4; 514 et n. 1; 515, 531, 577 et n. 3; 578, 673, 674.
Gueliz ou *Guilliz* (bataille du Djebel). — T. II, 555 n. 4.
Guerando. — T. II, 245 et n. 1; 267, 308.
Guerar (El-). — T. II, 260 n. 3; 264, 267, 309.
GUÉRIN, marchand de Rouen. — T. III, 459, 468.
GUEVARA (Juan de OTALORA). — Voir OTALORA GUEVARA (Juan de).
GUEVARA (D. Pedro), officier espagnol. — T. I, 266 n. 1.
GUEZOULA (les), groupement de tribus. — T. I, 591-593, 604, 608, 610. — T. II, 218 et n. 3.
Guigou, alias *Siligo* (oued). — T. II, 282 et n. 3; 289, 310.
GUIMARAENS (Édouard de PORTUGAL, duc de), fils de D. EMMANUEL. — T. I, 95 n. 1.
Guinée. — T. II, 359. — T. III, 712, 717.
Guir (cap), alias *Ighir Oufrani.* — T. I, 108 n. 1.
Guir (oued). — T. II, 298 et n. 5.
GUISE (Charles de LORRAINE, duc de). — T. II, 377, 509 et n. 1; 526 et n. 4; 541. — T. III, XXXIII, XXXV, XXXVI, 12.

Guise (François de Lorraine, duc de). — T. I, 202.

Guitaud ou Guitault (Charles de Pechpeirou-Comenge de), commandeur de Malte, capitaine de vaisseau. — T. III, 202, 203, 207 et n. 2; 213, 249, 254 n. 2; 260, 261, 264 et n. 4; 306, 734 et n. 5.

Guiton, captif. — T. III, lix, 89, 324.

Guzman (Perez de). — Voir Medina-Sidonia.

Guzman y Zuñiga (D. Antonio de). — Voir Ayamonte (marquis d').

Habt (El-), province. — T. I, 410 n. 4 — T II, 237.

Hachich. — T. III, 619 et n. 1.

Hadji Morato. — Voir Morat Raïs.

Haha (le), province. — T. I, 109 n. 7; 303 n. 5. — T. II, 237, 253, 254 et n. 4; 263, 267, 307.

Haïm (Jacob), juif. — T. III, 26.

Hallé ou Halley (Andrieu et Laurens), marchands établis au Maroc. — T. I, 305, 306.

Hallé ou Halley (Barthélemy), marchand de Rouen. — T. I, 303-307.

Halou (oued *El-*). — T. I, 650 et n. 2.

Hamet. — Voir Ahmed.

Hammou ben Bachir, ambassadeur du Maroc aux Pays-Bas. — T. II, 485 et n. 2, 3; 486, 490, 491.

Hammou Buya ou Bijau, caïd. — T. II, 209 et n. 2; 210, 225-226.

Hammou ben Embarek. — T. I, 593.

Hamon (Clément), patron de navire. — T. II, 385.

Haouara (les), tribu. — T. I, 468 n. 3.

Haouz (El-), province. — T. I, 410 et n. 4. — T. II, 237, 541.

Harem. — T. III, 727 n. 4.

Harcourt (Henri de Lorraine, comte d'). — T. III, 529 et n. 2.

Hardy, conseiller au Parlement de Paris. — T. III, xxiii.

Harlay de Césy. — Voir Césy.

Harlay de Sancy (Achille de), ambassadeur de France à Constantinople. — T. III, xliii, xcvi n. 3; 1-13, 53 et n. 2; 666.

Harrison (John), agent anglais au Maroc. — T. III, lii n. 4; 194, 217 n. 1; 309 n. 1.

Haskoura (le), province. — T. II, 237.

Hassan. — Voir Hassen.

Hassen, caïd. — T. I, 593.

Hassen (Moulay El-), sultan filalien. — T. I, 609 n. 2.

Hassen (Moulay El-), roi hafside de Tunis. — T. I, 576 n. 4.

Hassen (Moulay Bel ou Abou el-), alias Moulay Ali, fils de Moulay Ahmed *el-Mansour*, prince saadien. — T. II, 296. — *Généalog. Saad*, n. 23.

Hassen (Hadji) ou Hassen bey, drogman. — T. I, 362-364.

Hassen Corso, pacha d'Alger. — T. I, 629 et n. 7.

Hassen ben Embarek. — T. I, 126 et n. 7.

Hassen Ibrahim, corsaire de Salé. — T. III, 523-527.

Hassen ben Kheïr-ed-Din, pacha d'Alger. — T. I, 174 n. 2; 240 n. 5; 244, 295 n. 5; 352 n. 1; 629 et n. 1.

Hassen de Macedonia, caïd. — T. I, 610.

Hassen Venezìano, pacha d'Alger. — T. II, 95 n. 3; 113 et n. 2; 189 et n. 1; 190.

Hassi Abdallah. — T. II, 300 n. 2.

Hassian el-Djerid. — T. II, 298 et n. 4.

Hassian el-Ksob. — T. II, 298 et n. 1.

Haultain (Willem De Soete de Laecke, dit l'amiral). — T. II, 540 et n. 2.

Hauterive (Francois de l'Aubespine, marquis d'), colonel au service des Pays-Bas. — T. III, 127 et n. 3, 128.

Hayts (Sidi El-), marabout. — T. III, lx.

Henri (D.), cardinal, roi de Portugal. — T. I, 95 n. 1; 214 n. 8; 232 et n. 3; 417, 419, 420 et n. 1; 427 et n. 1; 435, 469 et n. 2; 509, 522, 527, 570-574, 581 n. 3; 625 n. 3; 638, 669, 671. — T. II, 226.

Henri de Portugal (D.), fils du roi Jean Ier. — T. I, 517.

Henri II, roi de France. — T. I, 175, 186 et n. 3.

Henri III, roi de France. — T. I, 342, 344, 350-351, 353, 357 et n. 7; 362 et

n. 1 ; 364-369, 371-372, 374 et n. 3 ; 376, 381, 394, 460 n. 1. — T. II, 13, 22-24, 26-29, 70-73, 82, 86-89, 91, 92, 94, 96, 112, 114, 117, 118, 123-125, 127, 141, 142, 176. — T. III, v et n. 5 ; vii, ix, xiv-xvi, 756, 757.

Henri IV, roi de France. — T. I, 183 et n. 2. — T. II, 187 n. 1 ; 202, 203, 316, 317, 320, 326-329, 341, 343, 347, 352, 363-370, 372, 374, 379, 381, 418, 422, 424, 426, 435, 439, 459, 485, 490, 492, 494, 496, 497, 501. — T. III, xvi, xviii-xx, xxii, xxv, xxix, xxx et n. 4, xxxii-xxxiv, xxxix.

Hermansz. (Wolffaert), capitaine néerlandais. — T. II, 453 n. 2 ; 454 n. 1.

Hernandez (Vicente), habitant d'Azemmour. — T. I, 33.

Héron (le P. Jean), trinitaire. — T. III, 559 et n. 10 ; 646 n. 3 ; 668-684.

Herrado (El-), corsaire de Salé. — T. III, 540.

Herrera (Diego de), seigneur de Lanzerote. — T. I, 44 n. 1 ; 108 n. 1.

Herrera (D. Francisco Baños de), lieutetenant-gouverneur de La Mamora. — T. III, 621, 622.

Herrera (Toribio de), gouverneur de La Mamora. — T. III, lxix n. 2 ; 220 et n. 1 ; 222-224.

Hervé, français au service du Chérif. — T. II, 398 n. 3.

Hogan (Sir Edmund), ambassadeur anglais au Maroc. — T. I, 460 n. 1. — T. II, 52 n. 8.

Holstein (le duc Adolphe de). — T. I, 379 n. 22 ; 585 n. 5.

Hongrie (guerre en). — T. II, 326, 328. — T. III, 80 et n. 2.

Honorius III, pape. — T. III, 94.

Hornacheros. — T. III, 187-198, 541 et n. 1 ; 584 n. 4 ; 590. — Voir Andalous.

Horra (Cita ou Sida el-). — T. I, 133 et n. 3 ; 137.

Hotman, renégat français, caïd de Safi. — T. III, 549.

Hotot (le sieur de), gentilhomme français. — T. III, 743.

Hubert (Étienne), médecin et orientaliste. — T. II, 314 et n. 1 ; 315 et n. 2 ; 399, 400. — T. III, xvii, xxii-xxvii.

Huile d'olive. — T. III, 722.

Hussein ech-Cheikh, pacha d'Alger. — T. III, 3 n. 7.

Ibarra (D. Carlos de), officier espagnol. — T. II, 570.

Ibarra (D. Diego de), ambassadeur d'Espagne en France. — T. II, 204.

Ibarra (D. Diego de), officier espagnol. — T. III, 627, 632.

Ibarra (Francisco de), membre du Conseil de la guerre. — T. II, 3, 9, 18, 83.

Ibn es-Seghir, chef des Lemtouna. — T. III, 582.

Ibrahim, caïd. — T. I, 593.

Ibrahim, aga des janissaires. — T. II, 91.

Ibrahim ben Ali ber-Rached (Moulay), alias Malabrin, vizir d'Ahmed *el-Ouattassi* et seigneur de Chechaouen. — T. I, 5 et n. 2 ; 16-20, 24, 25, 29, 32-38, 114 et n. 1 ; 116, 135. — T. III, 11.

Ibrahim es-Sofiani, caïd. — T. I, 610, 618. — T. II, 210 et n. 4.

Idiaquez (Juan de), secrétaire de Philippe II. — T. II, 104 n. 7 ; 529, 557.

Igli, zaouïa. — T. II, 299 et n. 3.

Ikhkhou, cheikh. — T. I, 126 et n. 8.

Iligh, zaouïa. — T. III, 583, 700 et n. 8 ; 705.

Imaounin. — T. I, 269 n. 1.

Imbert (Paul), captif français. — T. III, lviii, lix, 168 et n. 1, 2 ; 216, 324 et n. 3 ; 342 et n. 2 ; 708 et n. 2, 3 ; 713.

Imi n-Tanout, kasba. — T. II, 259 et n. 4 ; 265, 267, 309.

Impôts. — T. I, 516, 517. — T. II, 432 et n. 4. — T. III, 362.

Indes occidentales. — T. II, 161, 165. — T. III, xli, 64.

Indes orientales. — T. I, 43, 47, 66, 68, 69, 98, 193, 194, 199, 284, 291 et n. 2 ; 329, 507, 515, 516, 522, 623. — T. II, 95, 391-393. — T. III, x, xxxi.

Indigo. — T. III, 723.

Infantado (Juan Hurtado de Mendoza, duc de l'). — T. II, 557, 584 et n. 3 ; 589, 590.

Inghirani (Jacopo), amiral toscan. — T. II, 423 n. 5.
Irlande. — T. I, 466, 529, 530. — T. II, 89, 170.
Isabelle (l'infante), fille de Philippe II. — T. I, 674. — T. II, 204. — T. III, xi.
Isidore de Baugé (le P.), capucin. — T. III, 267, 340, 343, 344, 346.
Islam, islamisme. — T. I, 54 et n. 4. — T. III, 680, 681, 739, 740.
Ismaïl (Moulay), prince saadien, fils de Moulay Abd el-Malek. — T. I, 504 et n. 4, 5 ; 566 et n. 4 ; 667 n. 4. — T. II, 94, 96 et n. 2 ; 122, 189 et n. 3 ; 227 n. 1. — *Généal. Saad.*, n. 21.
Israël (Cheikh), juif marocain. — T. III, 249, 253.
Italiens (mercenaires). — Voir Bandes.
Ivoire. — T. III, 123.
Jacopin (Guido), écolier de Rennes. — T. III, 131 et n. 4 ; 139, 140.
Jacques de St Agnan (le P.), capucin. — T. III, 487.
Jaime (D.), frère du duc de Bragance. — T. I, 567 et n. 5.
Jalesnes (Jacques de), chevalier de Malte. — T. III, 207 et n. 4 ; 218 n. 1 ; 260, 264 et n. 2 ; 306, 734 et n. 5.
Jamin, patron de navire. — T. III, 689.
Jancart (Jacques), français au service de Moulay Zidân. — T. III, xlviii.
Jansz., Janszen (Jan). — Voir Morat Raïs.
Jaquettère (le sieur de), gentilhomme français. — T. III, 218.
Jara Quemada (D. Juan), gouverneur de La Mamora. — T. III, 220 n. 1.
Jarnac (Gui Chabot, seigneur de). — T. I, 189 et n. 2.
Jean Ier, roi de Portugal. — T. I, 93 et n. 3 ; 94.
Jean II, roi de Portugal. — T. I, 94 et n. 5.
Jean III, roi de Portugal. — T. I, 43-152, 153 n. 2 ; 157-169, 198 n. 1 ; 410, 416, 579. — T. II, 38 et n. 4. — T. III, 685 et n. 4.
Jean IV, roi de Portugal. — T. III, 596, 598-601, 604-608.
Jean Armand, alias Mustapha, turc converti. — T. III, 304-336.
Jeanne d'Autriche, princesse de Portugal, mère du roi D. Sébastien. — T. I, 581 n. 3.
Jérôme de La Flèche (le P.), capucin. — T. III, 134.
Jésuites. — T. I, 413 et n. 9 ; 507 et n. 3, 4 ; 508, 510, 636. — T. III, 96.
João (D.). — Voir Jean.
John (le capitaine). — Voir Morat Raïs.
Jorge (Benjamin). — T. II, 149.
Joseph de Paris (François Le Clerc du Tremblay, en religion le P.), capucin. — T. III, lx et n. 5 ; lxi, lxvii, lxix, lxxiv, 59 n. 2 ; 96-100, 103, 104, 110, 129 et n. 4 ; 133-137, 140-144, 147-154, 156, 158, 165, 172, 177, 180, 181, 263-267, 337, 341, 343, 344, 346-349, 433, 469, 476, 486, 491, 523, 590 n. 5 ; 734.
Joseph de Vitré (le P.), capucin. — T. III, 130 n. 3 ; 138.
Joubert (Pierre), captif français. — T. III, 235, 238.
Juan d'Autriche (D.). — T. I, 295, 310, 311, 315, 320 n. 2 ; 321, 329 n. 4 ; 332 et n. 1 ; 333, 338 et n. 2 ; 373 et n. 1 ; 375, 376, 638 et n. 2 ; 523 et n. 2 ; 524.
Juan del Corral (le P.), religieux augustin de Lisbonne. — T. III, lviii, 167 et n. 2 ; 380 n. 3 ; 381.
Juan de Prado (le P.), gardien des Franciscains de Cadix. — T. III, 98.
Juana (Doña), reine de Portugal. — T. I, 410 et n. 7.
Juanetin. — Voir Mortara.
Juifs. — T. II, 99, 182, 257, 266, 281, 283. — T. III, 362, 450, 451, 453, 454, 562, 682, 683, 720, 721-724.
Juiveries. — T. I, 120 n. 8. — T. III, 719, 729.
Jules II, pape. — T. III, 71.
Julien (François), vice-consul de France au Maroc. — T. III, xcviii.
Julien-Parasol (Antoine), vice-consul de France au Maroc. — T. III, xcvii, ci, cii, 673 et n. 1.
Julio. — Voir Stafford.

Juyé (Sébastien de), agent français à Constantinople. — T. I, 381 et n. 1, 382, 394, 677.

Kahira (El-). — T. II, 258 et n. 3 ; 265, 267, 309.

Kalaa (El-). — T. I, 260, 272.

Kara Mustapha, corsaire turc du Peñon de Velez. — T. I, 249 n. 1.

Kano, ville du Soudan. — T. II, 305 et n. 3.

Kasbet el-Firân. — T. II, 298 et n. 2.

Kassem, caïd. — T. I. 593.

Kassem, prétendu fils de Saïd *el-Ouattassi*. — T. I, 274 n. 1.

Kasseri (El-). — Voir Abdallah ben Ali et Mohammed *el-Kasseri*.

Keroum el-Hadj (Abd el-Kerim ben Abou Baker, dit), chef des Chebâna. — T. III, 579, 583 n. 6 ; 705 et n. 1, 2.

Kerzaz. — T. II, 299 n. 7.

Kettler (Guillaume). — V. Courlande (duc de).

Khalil, caïd et interprète. — T. III, xlix n. 3.

Khandaq er-Rihân. — T. I, 457 et n. 4 ; 634.

Khandaq er-Rihân (bataille de). — T. I, 512 et n. 2.

Kharroub (Djebel el-). — T. II, 286 et n. 1 ; 287, 289, 290. — T. III, 276 et n. 1 ; 423, 427.

Kheïr-ed-Din, dit Barberousse, beglierbey d'Alger et capitan pacha. — T. I, 50 et n. 2 ; 51, 62, 66, 76, 87, 98, 576 n. 4 ; 629 et n. 1.

Kheizouran (Lella el-), femme de Moulay Ahmed *el-Mansour*. — T. II, 211 n. 2.

Kheloth ou Khelouth, tribu. — T. III, 198 et n. 3 ; 580.

Khider Ghaïlan (El-). — Voir Ghaïlan.

Kif. — Voir Hachich.

Kober Ali Moussa. — Voir *Er-Roken*.

Kouko (royaume de). — T. II, 201 et n. 1.

Kouko, ville du Soudan. — T. II, 305 et n. 2.

Kous (oued). — V. *Loukkos*.

Koutoubia (la), mosquée de Merrakech. — T. I, 622 n. 2. — T. II, 402 et n. 1. — T. III, 728 et n. 6, 7 ; 729 et n. 2.

Ksabi (El-). — T. II, 299 et n. 10.

Ksar el-Kebir (El-). — T. I, 37, 38, 174 n. 3 ; 429, 430 et n. 1 ; 537, 540 et n. 3 ; 588-590, 592 et n. 2 ; 624, 625 n. 3 ; 637 et n. 4 ; 647, 651, 656, 659 n. 2 ; 665, 668, 676. — T. II, 277, 285, 286, 289, 290, 310, 467. — T. III, viii, 580, 581.

Ksar el-Kebir (bataille d'*El-*). — T. I, 255 n. 2 ; 302 et n. 2 ; 381, 388 et n. 2 ; 395-436, 473-505, 544-574, 575-627, 635-648, 649-653, 654-661, 662-669, 674-677, Pl. VI. — T. II, 30, 94 et n. 2 ; 205, 207, 215 et n. 1 ; 233, 334 n. 2 ; 410, 411. — T. III, 3 et n. 3 ; 701 et n. 2.

Ksar es-Seghir (El-). — T. I, 23 n. 1 ; 43, 68 n. 2 ; 70 n. 1 ; 75 et n. 4 ; 76, 165 et n. 5 ; 174 et n. 3 ; 185, 198 et n. 1, 2 ; 202 et n. 4 ; 231 n. 1 ; 412 n. 5 ; 423 et n. 4 ; 583 n. 6. — T. II, 286-290, 308. — T. III, iii.

Ktaoua (El-), district. — T. II, 293 et n. 5 ; 294, 310.

La Bourdaisière (Jean Babou de), ambassadeur de France à Rome. — T. I, 204 et n. 4.

La Carceta (Pedro de), alias P. de Legorretta, officier espagnol. — T. II, 570.

La Cerda (D. Antonio de). — Voir Medina-Celi (duc de).

La Chesnaye, capitaine malouin. — T. III, 531.

La Esquina (D. Gonzalo de), officier espagnol. — T. III, 616, 622, 625, 626, 632.

La Ferre (le sieur de), gentilhomme français. — T. III, 218.

La Fortune (J.), captif français. — T. III, 235.

La Fosse-Besnard (le sieur de), gentilhomme français. — T. III, 114 et n. 3 ; 137.

La Garde (Antoine Escalin des Aymars, baron de), capitaine général des galères. — T. II, 14 n. 1.

La Goulette. — T. I, 321, 338, 512. — T. II, 122. — T. III, 754 et n 4.

La Grue, captif français. — T. III, 235.

La Haye-Vantelet (Mr de), ambassadeur de France à Constantinople. — T. III, xcvi, 53 n. 2.

La Hunaudaye (Tanguy de Rosmadec, baron de), député des États de Bretagne. — T. III, 666.

Laine. — T. II, 256.

Lakhdar. — Voir *Akhdar (El-)*.

La Mailleraye (le sieur de), commis au contrôle de la marine. — T. III, 300.

Lambert, consul aux îles d'Albouzèmes. — T. III, cii-ciii.

Lambin, marchand de Rouen. — T. II, 135.

La Mecque. — T. I, 438 et n. 5 ; 439. — T. III, 712, 713.

La Meilleraye (Charles de la Porte, duc de), lieutenant général de Bretagne. — T. III, 571 et n. 3.

La Mole. — Voir Boniface (François de).

La Mothe-Fénelon (Bertrand de Salignac, seigneur de), ambassadeur en Angleterre et en Espagne. — T. I, 264 et n. 1, 2.

Lances, lanciers. — T. I, 129, 162, 440, 453, 456-458, 461, 472, 473, 486, 488, 490, 633, 634, 639, 642, 675. — T. II, 181.

Lancosme (Jacques Savary de), ambassadeur à Constantinople. — T. II, 202 n. 1.

Langerack (Gédéon de Boetzelaer van Asperen, seigneur de), ambassadeur des Pays-Bas en France. — T. II, 564, 565. — T. III, 126-128.

Lanier (François), agent français au Portugal. — T. III, 595 et n. 1 ; 606, 611, 612, 629, 630, 635-642.

La-Nocle (Beauvoir-). — Voir Beauvoir-La-Nocle.

Lansac (Guy de Saint-Gelais, seigneur de), gentilhomme français. — T. II, 1-3, 5, 6, 8-11, 16-21, 55-66, 79-81, 83-85. — T. III, vi.

Lansquenets. — Voir Bandes.

Lanzerote (île de). — T. I, 290 et n. 3 ; 291. — T. II, 125-127. — T. III, 80.

La Palme (Gimbert, sieur de), agent français au Maroc. — T. II, 317 et n. 2.

La Planque (Josse de), docteur en médecine. — T. I, 16, 41 et n. 1. — T. III, ii, 744, 745.

La Porte (Amador de), grand prieur de France. — T. III, 206 et n. 2, 3 ; 297-301, 472, 665.

La Quadra (Alvaro de), ambassadeur d'Espagne en Angleterre. — T. I, 220 et n. 1 ; 221.

Lara (D. Juan de), amiral espagnol. — T. II, 541, 571. — T. III, xxxiv n. 5 ; xxxvi et n. 7 ; xxxvii.

Larache. — T. I, 2, 15, 17, 23-25, 28 et n. 4 ; 30, 32-34, 37, 38, 115, 197, 255 et n. 3 ; 274 n. 1 ; 284 et n. 3 ; 290 et n. 1 ; 299 et n. 5 ; 329 n. 3 ; 430, 441, 476 et n. 6 ; 477, 479, 480, 493 et n. 4 ; 514, 515 et n. 1 ; 520 n. 2 ; 524, 528 n. 2 ; 533-535, 538, 541-544, 546, 547 n. 7 ; 550, 551, 569, 588-591, 595, 599, 602, 637, 640, 651, 659 et n. 5 ; 663, 674, 675. — T. II, 1-3, 5-12, 16-21, 30 n. 2 ; 55-65, 67 n. 2 ; 81-83, 86, 87, 98, 99 et n. 7 ; 100, 105 n. 3 ; 108 et n. 5 ; 109, 111, 113, 115 et n. 4 ; 119 et n. 1 ; 123, 126, 127 n. 1 ; 174, 219, 233, 277, 286 et n. 4 ; 288-290, 307, 338 et n. 9 ; 339, 348, 374, 375 et n. 4 ; 380, 415 et n. 2 ; 419, 435 et n. 1 ; 437, 439, 441-445, 447, 451, 452, 460, 462, 464, 467-470, 475, 478 et n. 3 ; 479, 482, 483, 488 et n. 1 ; 492, 493, 495-497, 499, 500-505, 507 n. 1 ; 511-514, 522, 537, 567, 573, 578. — T. III, ii, vi, viii, xi, xviii, xliv, 4 n. 1 ; 32, 66, 71, 75, 190, 194, 195 et n. 3 ; 198, 208, 279, 359 et n. 2 ; 366, 367, 422, 424 et n. 2 ; 615, 623, 624, 700, 720, 736 et n. 3 ; 737, 751.

Larache (rivière de), alias oued *Loukhos*. — T. I, 31 et n. 2 ; 34, 115, 477-481, 488 et n. 4 ; 646. — T. II, 286, 289. — Voir *Loukhos* (oued).

Larache (gouverneur de) en 1578-1579, renégat français originaire de Blaye (non nommé). — T. II, 2, 18, 56.

La Rochelle. — T. II, 176. — T. III, xxxi lx, lxvi, lxviii, lxxiii et n. 10 ; lxxviii

LXXXVIII, 203, 255, 299, 320, 329, 392, 447, 453, 460, 469, 470, 472, 479, 504, 505, 533, 538, 668-670.
LA ROCQUE, officier de marine français. — T. III, 518.
LA RUE (Gilles de), captif français. — T. III, 671.
LA SEGNE (Jean de), captif français. — T. III, 235, 238.
LA SELLE (M. de), patron de navire. — T. III, 207, 264.
LA THUILLERIE (Gaspard COIGNET, seigneur de), ambassadeur de France à La Haye. — T. III, 297 et n. 1 ; 298-303, 638.
LATOUCHE-BARBIN. — T. III, 481, 482, 485.
LA TOUCHE DE NON (Mr de), capitaine de vaisseau. — T. III, 206, 207, 254 n. 2 ; 260, 261, 264 et n. 5 ; 306, 734 et n. 4.
LA TOUCHE DE LA RAVARDIÈRE (Daniel de), lieutenant-général en Guyane. — T. III, XXX n. 6 ; LXV, 101 n. 2 ; 734 et n. 4.
LA TRAVERCIÈRE (le sieur de), commissaire de la marine. — T. III, 436 et n. 5.
LA TROUSSANAIS (Mlle de). — T. III, 139, 140.
L'AUBESPINE (le sieur de), secrétaire du Roi. — T. I, 314 et n. 1.
L'AUBESPINE (Claude de), secrétaire des Finances. — T. I, 204 et n. 3.
L'AUBESPINE (François de). — Voir HAUTERIVE.
L'AUBESPINE (Sébastien de), ambassadeur de France en Espagne. — T. I, 196 n. 2 ; 201 et n. 2 ; 211, 212, 216-219, 222-230. — T. III, III.
LAVAL (Claude de), ambassadeur de France en Angleterre. — T. I, 203 n. 1.
LA VALETTE (Louis de NOGARET D'ÉPERNON, cardinal de). — T. III, LXXXVI.
LAWSON (Sir John), chef d'escadre anglais. — T. III, 737 et n. 2 ; 4.
LAZARE DE BLOIS (le P.), capucin. — T. III, 343, 344.
LE BARBIER (Jean), captif français. — T. III, 756, 757.
LE BEL (Paul), négociant rouennais au Maroc. — T. III, XLVII, XLVIII, LIX, 726 et n. 1.
Leben (bataille de l'oued *El-*). — T. I, 174 n. 2.
LE BLANC (Raphaël), père de Vincent LE BLANC. — T. III, X.
LE BLANC (Vincent), voyageur au Maroc. — T. III, VII et n. 8 ; VIII, X-XIII.
LECHUGA (Cristobal de), officier espagnol. — T. II, 570 et n. 1.
LE COMTE (Jean), corsaire français. — T. II, 535 n. 1.
Ledjaïa, tribu. — T. II, 215 n. 3.
LE FLOC (J.), captif français. — T. III, 235.
LE GENDRE (les), marchands de Rouen. — T. I, IV. — T. III, LIX, 112 et n. 3 ; 113.
LE GENDRE (Guillaume). — T. III, LXII.
LE GENDRE (Jean-Baptiste), marchand de Rouen établi au Maroc. — T. III, LIX, LXIII-LXIV, 91, 120 et n. 1 ; 552 et n. 1 ; 553, 554 et n. 2 ; 588 et n. 3 ; 589.
LE GENDRE (Lucas), marchand de Rouen, père de Thomas et de Jean-Baptiste. — T. III, 91, 92.
LE GENDRE (Philippe), pasteur de l'église réformée. — T. III, LXII.
LE GENDRE (Thomas), marchand de Rouen établi au Maroc. — T. III, XLVIII, XLIX, LIX-LXIII, LXVII, LXXXVII, 91, 120 et n. 1 ; 691-740.
LE GENDRE (Thomas le jeune), marchand de Rouen, seigneur de COLLANDRES. — T. III, LXII.
LEGORRETTA (P. de). — Voir LA CARCETA.
LE GROS (le fils de Guillaume), français établi à Séville. — T. I, 205.
Le Hâvre. — T. II, 134, 135, 143, 145, 416. — T. III, XXXI et n. 3 ; 147, 743.
LEITÃO (Alfonso). — T. III, 22.
LEITÃO (Custodio), agent de D. ANTONIO. — T. II, 132 et n. 1 ; 136 et n. 2 ; 137.
LEITE (Fernão), adaïl de Mazagan. — T. I, 160, 162.
LEIVA ou LEYVA (D. Sancho MARTINEZ DE), général des galères de Naples. — T. I, 1, 244 et n. 4 ; 245-247, 287, 299.
LE MARCHANT (Pierre), marchand de Fougères se trouvant au Maroc. — T. II, 369.

LENCASTRE (D. Rodrigo de), gouverneur de Tanger. — T. III, 647 n. 6.

LE NORMANT, serviteur de Piton. — T. III, 744.

LEO (le sieur de), gentilhomme attaché à Piton. — T. 18 n. 1 ; 27, 31-33, 35.

LÉON (Antoine), captif français. — T. III, 756, 757.

LÉON L'AFRICAIN (Jean). — T. III, XII et n. 1.

LÉONARD DE PARIS (le P.), capucin. — T. III, 590 et n. 5.

LÉOPOLD D'AUTRICHE (l'archiduc). — T. II, 494.

LE PRINCE (Pierre), captif racheté. — T. III, 671.

LERMA (D. Francisco de SANDOVAL Y ROJAS, duc de), premier ministre de Philippe III. — T. II, 341, 463 et n. 1 ; 514, 557, 576, 586, 588.

LE ROUX (Jehan), marchand de Dieppe. — T. II, 135.

LE SEIGNEUR (Adrien), marchand de Rouen. — T. I, 303-307.

LE SEIGNEUR (Alonce), marchand de Rouen. — T. I, 303-307.

LESSEPS (Matthieu de), consul de France au Maroc. — T. I, IV.

L'ESTOILE (Pierre de). — T. III, XX et n. 1, 5 ; XXVI.

LÉVIS (Jean-Claude de), seigneur d'ODAUX, agent du roi de Navarre. — T. I, 195 et n. 3 ; 196 et n. 2.

Lévriers. — T. I, 41.

LÉVY (Judas), juif notable de Safi. — T. III, 26, 322, 455 et n. 2.

LEYTE. — Voir LEITE.

LEYTON. — Voir LEITÃO.

LEYVA. — Voir LEIVA.

L'HERMITTE, amiral des Provinces-Unies. — T. III, XLVI.

L'HOSPITAL (Municot de). — Voir MUNICOT.

LIÉBARD (Jean), captif français. — T. III, LXI, 91.

Lièvres. — T. II, 244.

LIMA (D. Antonio de), gentilhomme portugais. — T. I, 124, 128.

LIMA (Diego LOPES DE). — T. I, 46.

LIMA (D. Rodrigo de), vicomte de Villa Nova de Cerveyra. — T. I, 46, 78-83.

LINGENDES (M. de). — T. III, LXXXIV.

LINHARÈS (Antonio de NORONHA, comte de). — T. I, 45.

LINHARÈS (comte de). — T. I, 586, 613.

Lions. — T. I, 36, 41. — T. II, 250, 291, 405, 406. — T. III, 714-717, 726, 728 et n. 5.

Lisbonne. — T. I, 157, 233, 302, 310, 313, 339, 413 et n. 4 ; 427, 463, 467, 469, 470, 508, 518, 526, 530-532, 536, 570, 572-574, 635. — T. II, 136, 181, 205, 342, 387, 392, 393, 447, 448, 516, 522, 523, 545. — T. III, XXXI, LXXXIV, 80.

LISLE (Arnoult de), résident français au Maroc. — T. I, IV. — T. II, 129 n. 1 ; 194 n. 1 ; 199, 212 n. 2 ; 314 et n. 3 ; 315, 330-340, 348 et n. 7, 9 ; 356-359, 363-369, 371, 372 et n. 3 ; 398-400, 426-434. — T. III, XIII-XXII, XXVIII, XXIX, XXXI, XXXII, XXXIV.

L'ISLE (Gilles de NOAILLES, abbé de), ambassadeur de France à Constantinople. — T. I, 352 et n. 2 ; 359, 361, 363-366.

LLORENTE (Miguel), officier espagnol. — T. III, 623.

LOAISA (Garcia de), chapelain de Philippe II. — T. II, 204.

LOBATO (Antonio Gil), adaïl à Mazagan. — T. III, 22, 29, 34, 35, 37, 42.

LOBO (João), gentilhomme portugais. — — T. I, 160.

LOBO (D. João), baron d'ALVITO. — T. I, 567, 586, 612.

LOBO (D. Luiz), baron d'ALVITO, gouverneur de Tanger. — T. III, 647 n. 6 ; 653, 655, 661.

LOBO DA SYLVEYRA (D. Luiz). — T. I, 239 n. 2.

LODOSA (D. Firmin de), gentilhomme espagnol. — T. II, 570.

LOGEROT. — T. III, 533.

LOMÉNIE (Alexandre-Bernard de), consul titulaire en Égypte. — T. III, XCV n. 1.

Londres. — T. II, 132, 161, 168, 180, 182, 184, 230. — T. III, XCII, 546.

LONGLÉE (Pierre de SÉGUSSON, seigneur

de), ambassadeur de France en Espagne. — T. I, 322 et n. 5 ; 324. — T. II, 13 et n. 1 ; 15, 58, 62-64, 111, 114-116, 118-120, 123, 125-128.

LONGUEVILLE (Léonor d'ORLÉANS, duc de). — T. I, 327.

LOPEZ (le Dr), médecin de la reine ÉLISABETH. — T. II, 149.

LOPEZ, agent français aux Pays-Bas. — T. III, 471.

LOPEZ (Francisco), officier portugais. — — T. III, 597.

LOPEZ DE MENDOÇA (Simon), gentilhomme portugais. — T. III, 278.

LOPEZ MADERA (Gregorio), alcade. — T. III, 188.

LOPEZ DE SEQUEIRA (Diogo), colonel portugais. — T. I, 521 et n. 2 ; 552, 557, 585, 595, 601, 655, 661.

LOPEZ DE SEQUEIRA (João), fondateur de Sainte-Croix. — T. I, 44 n. 1 ; 108 n. 1.

LOPEZ TAVAREZ (Francisco). — T. III, 598, 608.

LORENÇO (Pedro Julian), officier espagnol. — T. III, 627.

LORRAINE (Charles de GUISE, cardinal de). — T. I, 189 et n. 1 ; 202, 327 n. 2.

LOS VELEZ (le marquis de). — Voir FAJARDO (D. Luis).

LOUIS XIII, roi de France. — T. II, 590, 600. — T. III, XXXII-XXXV, XXXVII-XXXIX, XLIII, XLV, XLIX, LII, LIV, LVI, LXIII, LXV, LXXI, LXXXVII, LXXXIX, XC, XCII, XCIII, XCVII, 10, 14, 17, 153, 155, 158 et n. 1 ; 171, 252, 282, 292, 310, 312, 312, 323, 326 et n. 1 ; 328 et n. 1 ; 338 et n. 1 ; 339, 341, 342, 346, 352, 355, 390, 392-396, 402, 404, 419, 432, 433, 437, 438, 442, 444-448, 450-458, 471-476, 482, 483, 485-487, 491-494, 499-502, 506, 512-515, 523-528, 531, 537-539, 545, 546 et n. 3 ; 549-551, 553 et n. 3 ; 554, 558, 559, 566, 570, 571, 589, 630 n. 1 ; 635-638.

LOUIS XIV, roi de France. — T. III, CII, 644-646, 673 et n. 2.

Loukkos (oued). — T. I, 542 n. 3 ; 589, 590, 597, 602, 620 et n. 1 ; 659 n. 5. — T. 115 et n. 2 ; 428 et n. 1 ; 543 et n. 1 ; 544 n. 1 ; 641 et n. 1. — Voir *Larache* (rivière de).

LOUREIRO (Antonio de), chef d'escadre portugais. — T. I, 146

LOUREIRO (Luiz de), gouverneur de Sainte-Croix, puis de Mazagan et de Tanger. — T. I, 106-113, 139-148, 217 n. 2.

LUCIEN (le P.), capucin. — T. III, 562.

LUDOVISI (le cardinal). — T. III, 141 et n. 1.

LUGUET (Claude), commissaire général de la marine de Provence. — T. III, LXXXIX n. 7 ; 558 et n. 5.

MACEDO (João de), gentilhomme portugais. — T. II, 168.

MACEDO (Jorge de), gentilhomme portugais. — T. I, 237.

MACHADO LOBO (Alvaro). — T. III, 599.

Madrid. — T. I, 274 n. 1. — T. II, 548. — T. III, XX, LXXXIV.

MAGALHÃES (Christovão de), secrétaire du conseil de ville de Lisbonne. — T. I, 234.

MAGALHÃES (Gaspar de) gentilhomme portugais. — T. I, 238.

Magie, formules magiques. — T. III, 620 et n. 2.

Magne, province de la Grèce. — T. III, p. 59, n. 1.

MAHMOUD ZARCAM, vice-roi du Sous. — T. II, 198.

MAHOMET III, sultan de Turquie. — T. II, 321-326.

MAINWARING (Henry), corsaire anglais. — T. III, XLI et n. 3, 5 ; 190 et n. 6.

MAKIL (les), tribu. — T. III, 582.

Malaga. — T. I, 227, 245, 260, 263, 272, 287 et n. 1 ; 315. — T. II, 206, 497, 516.

MALDONADO (Diego), agent espagnol en France. — T. II, 187.

MAMI, caïd, renégat espagnol. — T. I, 550 n. 1.

MAMI RAÏS, corsaire algéro-turc. — T. I, 249 n. 1.

MAMI RAÏS, renégat hollandais, corsaire de Salé. — T III, 530 et n. 2 ; 537 et n. 6.

Mamora (El-). — T. I, 203 n. 3 ; 503 n. 2.

— T. II, 174, 175 et n. 1; 266 et n. 3; 267, 289, 290, 307, 348, 515, 516, 519 et n. 1; 522, 524, 525, 528-533, 536-538, 540, 561, 566-573, 575 et n. 1; 577 et n. 1; 596. — T. III, XLI, XLII, XLIV, LXIX et n. 2; 4 n. 1; 27, 32, 47, 66 et n. 4; 71, 75, 190, 193-195, 197 et n. 3; 198, 200, 201, 208 n. 2; 218-220, 222, 227, 229-233, 246, 258-260, 267, 270, 359 et n. 2; 363 et n. 5; 366, 367, 537, 580 et n. 2; 615-628, 631, 632, 635 et n. 3; 636, 700 et n 2; 702, 720 et n. 3; 737.

Mamora (forêt d'*El-*). — T. II, 266 n. 6. — T. III, 190.

Mamora (El-) de Safi ou du Tensift, alias *Soueïra el-Kedima*. — T. II, 253 n. 3; 264, 267 et n. 1; 308.

MAMOUN (EL-). — Voir MOHAMMED ECH-CHEIKH *el-Mamoun*.

MAMOUN (EL-), sultan almohade. — T. III, 94 et n. 2.

MANÇORICO. — Voir MANSOUR (le caïd EL-).

MANOEL (le P. Francisco). — T. III, 29, 30, 35, 46, 48.

MANOEL (D.). — Voir EMMANUEL *le Fortuné*.

MANRIQUE (D. Juan de), ambassadeur d'Espagne en France. — T. I, 211 et n. 1.

MANSOUR (Sidi), vice-roi du Sous. — T. II, 466.

MANSOUR (EL-). — Voir AHMED (MOULAY).

MANSOUR (le caïd EL-), caïd turc. — T. I, 614.

MANSOUR (le caïd EL-), renégat, alias AL-MANZORICO. — T. I, 560 n. 3; 593. — T. II, 37-44, 47, 50.

MANSOUR (YAKOUB EL-), sultan almohade. — T. II, 247 et n. 1.

MANSOUR CHEIKH (EL-), caïd. — T. III, 278, 280.

MANTOUE (le duc de). — Voir NEVERS.

MANUEL (D. Diogo), gentilhomme portugais. — T. I, 238.

MANUEL (D. Jorge), gentilhomme portugais. — T. III, 277, 278.

MAQUEDA (D. Jorge de CARDENAS, duc de). — T. III, 575 et n. 2.

Marabouts. — T. III, 573 et n. 1; 574, 577 et n. 1; 714, 718 et n. 4; 719.

Marbres. — T. II, 338 n. 7.

MARC (François), marchand de Rouen. — T. II, 143, 145.

MARCHEVILLE (le sieur de), ambassadeur de France à Constantinople. — T. III, 53 n. 2.

MAREUIL (le s^r de). — T. III, XL n. 4.

MARGES (François), chirurgien à Marseille. — T. III, XC n. 5.

MARGES (Georges), chirurgien à Marseille. — T. III, XC n. 5.

MARGES (Jean), agent français au Maroc. — T. III, XC-XCIII, 536-549.

MARGUERITE D'AUTRICHE. — Voir PARME.

MARGUERITE DE VALOIS, fille de HENRI II. — T. I, 313 n. 2; 316 n. 2.

Mariage au Maroc (le). — T. II, 415, 416.

MARIAT (Antoine), marchand anglais au Maroc. — T. III, 449, 467.

MARIE DE MÉDICIS, reine de France. — T. II, 504, 506, 511, 514-516, 519, 521, 525, 536, 537, 552, 559, 573, 575. — T. III, XL n. 4.

MARIE (Stephano de), marin génois au service de l'Espagne. — T. I, 255.

MARIGLIANI (le comte), ambassadeur de Philippe II à Constantinople. — T. II, 68 et n. 2.

MARIN (le P. Diego), agent espagnol au Maroc. — T. I, 350 et n. 2; 460 n. 1. — T. II, 34 et n. 4; 35, 40, 41, 47, 50-52, 54, 98, 99 n. 7; 426 n. 4. — T. III, V et n. 4.

MARIN (D. Diego), agent espagnol au Maroc, neveu du P. Diego Marin. — T. II, 426 et n. 4; 429, 431. — T. III, XX.

MARLENS (Vincent de), marchand européen au Maroc. — T. II, 368.

MARMOL Y CARVAJAL (Luis del), géographe et historien espagnol. — T. I, 585 et n. 3. — T. II, 30 n. 3.

Maroquins. — T. III, 121 n. 3; 123.

MARQUES (Manuel), almocadem de Safi. — T. I, 120, 121, 130, 131.

Marseille. — T. II, 507, 524 et n. 1; 526.

Marseilles (Pierre de), procureur du Roi au Hâvre. — T. III, xxix n. 3.

Marseilles (Robert de), agent français au Maroc. — T. II, 331 et n. 5, 337. — T. III, xxix.

Martel, patron de navire. — T. III, 611 n. 1 ; 629 n. 1 ; 635, 636, 639, 640.

Marten (Sir Henry). — T. III, 217 n. 1.

Martil (rio). — Voir *Tétouan* (rivière de).

Martin de Spolète (le Fr.), cordelier. — T. I, 16 n. 2.

Martin (Juan), patron de barque. — T. III, 624, 626.

Martin (le sieur de), secrétaire général de la Marine. — T. III, 369, 371, 476 et n. 3.

Martins de Lordello (Baltasar), tuteur des orphelins à Tanger. — T. III, 598 et n. 5.

Mascarenhas (D. Fernando), gouverneur de Tanger. — T. III, 194 et n. 4 ; 275-281, 422-428, 597 n. 2.

Mascarenhas (D. Francisco), fils de D. Jorge, gouverneur de Mazagan, comte de Castello Novo. — T. III, 23 et n. 1 ; 27, 29-33, 37-42, 46, 47, 198 et n. 1 ; 579, 580, 596 n. 3.

Mascarenhas (D. João), régent de Portugal. — T. I, 435, 469 et n. 1 ; 527, 587 n. 2.

Mascarenhas (D. Jorge), gouverneur de Mazagan, puis de Tanger, comte de Castello Novo. — T. III, xliii n. 5 ; xlvi, 20 et n. 3 ; 21-23, 26-30, 32, 33, 37-39, 41, 42, 44-50, 82-84.

Mascarenhas (D. Manuel), gouverneur d'Arzila. — I, 114-117.

Mascarenhas (D. Nuno). — T. I, 619 et n. 4.

Massa ou *Messa*. — T. II, 270 et n. 3, 273, 307. — T. III, 361 et n. 2 ; 365 et n. 3 ; 368, 372 et n. 1 ; 375, 700, 738.

Masselin (Noël), captif français. — T. III, 675.

Mata ou Mena (Joseph de), capitaine de galère. — T. II, 569 et n. 3 ; 570.

Mathias d'Autriche (l'archiduc). — T. I, 373.

Mathias (le P.), franciscain. — T. III, 197 n. 5.

Maumès (Melchior), consul de Marseille. — T. III, 760, 762.

Maurellon (Jean), captif français. — T. III, 756, 757.

Maurice d'Orange (le prince). — Voir Nassau.

Mauritanie. — T. II, 271 n. 2.

Mauroy (le sieur de). — T. II, 159 n. 3.

Mauyau, captif français. — T. III, 89.

Maximilien Ier, empereur d'Allemagne. — T. I, 655 n. 5.

Maximilien (l'archiduc), roi de Bohême et régent de Castille, puis empereur d'Allemagne sous le nom de Maximilien II. — T. I, 153 n. 2.

Mayenne (Charles de Lorraine, duc de). — T. II, 194-196. — T. III, xxviii.

Maynet (David), armateur de Dieppe. — T. II, 143, 145.

Mazagan. — T. I, 23 n. 1 ; 44, 55 n. 2 ; 63 et n. 1 ; 75 et n. 4 ; 76, 99 et n. 1 ; 111, 119, 139-148, 159 n. 4 ; 384 et n. 2 ; 389, 393, 412, 462, 471, 474, 507 et n. 2 ; 534 et n. 1 ; 538, 583 et n. 6, 8 ; 590, 591, 595 et n. 1 ; 639, 640, 663 n. 1 ; 665 et n. 3. — T. II, 70, 205, 236, 247-249, 251, 252, 263, 266 et n. 8 ; 311, 334, 387 391, 466. — T. III, xxxi, xliv, lii et n. 3 ; 151, 154, 189, 197 et n. 5 ; 198 et n. 1 ; 360 et n. 3 ; 366, 368, 381, 573, 579, 580, 587, 595, 596 et n. 2 ; 604, 605, 700, 716, 717, 738 et n. 1.

Mazagan (baie de). — T. I, 165 n. 3.

Mazagan (siège de). — T. I, 174 n. 2 ; 214 et n. 4 ; 223, 227, 230 n. 2 ; 231-239, 412 n. 5.

Mazagan (conseils tenus à) en 1619. — T. III, 20-43.

Mazagran (désastre de). — T. I, 216 n. 5.

Mazarin (le cardinal). — T. III, ciii, 609, 611, 629, 635, 637, 638, 640, 642.

Mazet (J.-B.), consul de Marseille. — T. III, lxxix n. 2.

Mazet (Pierre), consul de France au Maroc. — T. III, lxxiv, lxxix-lxxxiv, lxxxix, xciii, 234 et n. 3 ; 235 et n. 1 ; 243 et

n. 1 ; 268 et n. 3 ; 314 et n. 2 ; 315, 318 et n. 3; 319, 320, 341, 347, 369-376, 392 et n. 4 ; 394 et n. 7 ; 434 et n. 1, 2 ; 436 et n. 1 ; 442-445, 449 et n. 3 ; 466, 498 et n. 1 ; 510, 511.

MAZET (Vincent), consul de Marseille. — T. III, LXXIX n. 2.

Mechouar (le). — T. III, 450 et n. 4 ; 451, 458, 459, 728.

Mechra en-Nedjma. — T. I, 656 n. 1.

Médecine, médecins. — T. II, 314. — T. III, XIV et n. 3, 8 ; XV, XXII, XXVI n. 4 ; 718.

MÉDICIS. — Voir CATHERINE et MARIE.

MÉDICIS (Ferdinand Ier de), grand-duc de Toscane. — T. II, 338 et n. 7 ; 339, 349, 358 et n. 4.

MÉDICIS (D. Juan de), amiral espagnol. — T. II, 482.

MEDINA (João Bras de). — T. III, 29.

MEDINA (Gomez de). — Voir GOMEZ DE MEDINA.

MEDINA CELI (Antonio Juan Luis de LA CERDA, duc de). — T. III, 615-628, 631-634, 647-663.

MEDINA CELI (Luis de LA CERDA, duc de). — T. I, 325, 524, 581.

Medina el-Gharbia. — T. I, 120 et n. 8. — T. II, 252 et n. 4 ; 263, 267, 308.

MEDINA SIDONIA (Gaspar Alonso PEREZ DE GUZMAN, duc de). — T. I, 464 n. 5 ; 533, 587, 588, 674. — T. II, 101 n. 2 ; 103 n. 2 ; 108 n. 8 ; 109, 116, 386 n. 4 ; 431, 437, 439, 444, 447, 449, 454, 458, 467, 538, 539.

MEDINA SIDONIA (Manuel Alonso PEREZ DE GUZMAN, duc de). — T. III, LIII, 32, 82, 84, 195-197, 201, 229-231, 259, 279.

Medinet el-Beidha. — T. II, 278 et n. 4.

Megrous. — T. III, XLVII et n. 1. — Cf. *Mugurus*.

Mehdouma (oued). — T. II, 278 n. 1.

MEHEMET PACHA, grand-vizir. — T. I, 355, 366.

MEJJAT (les), tribu. — T. III, 576 et n. 1.

Mekhâzen (oued *El-*), alias *rio dos Cavaleiros*. — T. I, 405, 478 n. 1 et 2 ; 479 et n. 1 ; 546 et n. 6 ; 547, 563, 564, 566 597 et n. 5 ; 620 n. 1 ; 641 n. 1 ; 642 et n. 2 ; 659 n. 5. — T. II, 233 et n. 2 ; 285 et n. 3 ; 289.

Meknès. — T. I, 149, 150 n. 1 ; 151, 422 et n. 3 ; 632 et n. 6. — T. II, 275-277, 290, 309, 467. — T. III, XI, 578, 582.

Melilla. — T. I, 153 n. 2 ; 246, 442, 535 n. 1. — T. II, 115, 206, 207 et n. 2 ; 208 n. 3 ; 272, 290, 308, 462 et n. 1 ; 466.

Mellah. — Voir Juiveries.

MELLO (Alvaro de), fils du marquis de FERRERA. — T. I, 567.

MELLO (D. Constantino de), fils du comte de TENTUGAL. — T. I, 433 et n. 3 ; 624, 652 et n. 6.

MELLO (D. Francisco de), comte de TENTUGAL. — T. I, 433 n. 3, 517.

MELLO (Francisco de), gouverneur de Tavira. — T. III, 599.

MELLO (Jorge de), gentilhomme portugais. — T. I, 46.

MELLO (Manoel de), gentilhomme portugais. — T. I, 123, 128.

MELLO (Pero de), gentilhomme portugais. — T. I, 237.

MELLO (Roderigo de), fils du comte de TENTUGAL. — T. I, 567.

MELLO CUNHA (Francisco de), gentilhomme portugais. — T. I, 124.

MELLO PEREIRA (D. Amrique Francisco et D. João de). — T. I, 124.

Ménageries royales de France. — T. I, 2, 3 et n. 2 ; 41 et n. 3 ; 42. — T. III, 745.

Menara (*El-*), près d'Arzila. — T. I, 405, 428 et n. 3 ; 545 et n. 4 ; 650 et n. 3.

Menara (*El-*), jardin près de Merrakech. — T. II, 45 et n. 5 ; 199 et n. 3.

MENDES ÇACOTO (Gonçalo), gouverneur d'Azemmour. — T. I, 72 n. 2.

MENDEZ, officier portugais. — T. I, 612.

MENDOÇA (Nuno de), gouverneur de Tanger. — T. II, 447, 487 et n. 1 ; 488, 492.

MENDOÇA DE GOVEA (Simon de), officier espagnol. — T. III, 653, 657.

MENDONÇA (João de), capitaine de caravelle. — T. I, 157 et n. 4 ; 158, 160-162.

MENDOZA. — Voir MONDEJAR et SAN GERMAN.

MENDOZA (Bernardino de), ambassadeur

d'Espagne en France. — T. II, 124 n. 3; 130, 139, 140, 171-175, 178, 179. — T. III, IX.

Mendoza (D. Francisco de), amiral espagnol. — T. I, 240 n. 5; 244 n. 4.

Mendoza (D. Jeronimo de), général espagnol. — T. I, 63 n. 2.

Menendez (Pedro), adelantado. — T. I, 284 et n. 4; 341 et n. 5; 342 et n. 1.

Menezes (D. Alix de), gouverneur du roi D. Sébastien. — T. I, 671.

Menezes (D. Antonio de), gentilhomme portugais. — T. II, 130.

Menezes (D. Diego de), gentilhomme portugais. — T. I, 652.

Menezes (D. Duarte de), gouverneur de Tanger et mestre de camp général du roi D. Sébastien. — T. I, 235, 322 et n. 1; 430, 462 et n. 3; 463, 487 et n. 5; 528 n. 2; 539, 540, 545, 559, 563 et n. 4; 564, 579, 586, 600, 601, 605, 612, 619, 622, 624, 635 et n. 4; 642, 649-655, 658-661, 666, 674.

Menezes (D. Fernando de), gentilhomme portugais. — T. I, 123.

Menezes (D. Fernando Vasconcellos de). — Voir Vasconcellos de Menezes (D. Fernando).

Menezes (D. João de), gouverneur d'Azemmour. — T. I, 34 n. 2; 423 et n. 2; 424 et n. 3; 425 et n. 1; 426.

Menezes (D. João de), conseiller du roi Jean III. — T. I, 46.

Menezes (D. João de), captif d'Allal *el-Merini*. — T. I, 274 n. 1.

Menezes (D. Luiz de), alferes real de Portugal. — T. I, 587.

Menezes (D. Manoel de), évêque de Coïmbre. — T. I, 484 et n. 2; 498 et n. 1; 567, 586, 613.

Menezes (D. Pedro de) gentilhomme portugais. — T. I, 653.

Menezes (D. Manoel et D. Pedro de). — Voir Villareal.

Menezes (D. Rodrigo de). — T. I, 625 n. 3.

Menserte, montagne. — T. II, 243, 244, 262.

Mercédaires. — T. III, 95, 96, 555 et n. 4; 556 et n. 2; 557, 558, 559 et n. 2, 3, 4, 5; 560, 563-567, 570. — V. Athia (le R. P. d').

Meriem (Lella), fille de Moulay Mohammed *ech-Cheikh* et femme de Moulay Zidân. — *Généal. Saad.* n. 10.

Merin (El-Hadj el-), secrétaire de Moulay Abd el-Malek. — T. I, 347 et n. 5.

Mérinides (les), dynastie marocaine. — T. I, 43, 149, 274 et n. 1; 410 et n. 5; 440 et n. 4; 450 n. 3; 468 n. 3; 584 n. 9. — T. II, 279 n. 2. — T. III, 364 n. 2.

Merrakech. — T. I, 119, 147, 153 n. 2; 207, 303 et n. 3; 305, 315, 346-348, 412 et n. 5; 440, 443-451, 453, 455-459, 461, 467, 468, 535-537, 571, 577 n. 1; 622, 632-634, 643, 647. — T. II, 45 et n. 1; 70, 181, 199, 217, 219, 220, 232-234, 257 n. 4; 267, 275, 276, 302, 306, 312, 331, 332, 334, 358 et n. 2; 360 et n. 4; 367, 369, 393, 394, 397-401, 409, 420 et n. 2; 429 et n. 2, 4; 430 et n. 2; 431, 541. — T. III, VIII, XIII, XVI, XVIII, XIX, XXI, XXII, XXVIII, XXIX, XXXI, XLVI, XLVII, XLIX, LVIII-LX, LXX, LXXI, LXXIX, LXXXIV, LXXXVIII, LXXXIX, XCIII, 2, 7, 10, 12, 20, 21, 24, 27, 32, 41, 47, 48, 79, 181, 252, 343, 346, 347, 353, 359, 383, 385, 393, 394, 442 et n. 3; 448-450, 452, 455, 459, 467, 468, 533, 540, 545, 572 et n. 5; 579, 583, 586, 703 et n. 4; 704, 709, 713, 714 et n. 1, 3; 716, 717, 719, 722, 726-731, 733, 736, 756.

Merrakech (batailles sous). — T. I, 512 et n. 2. — T. II, 429 et n. 1; 555 n. 2.

Merrakech (chérif de). — Voir Ahmed *el-Aaredj* (Moulay).

Merrakech (douanes du royaume de). — T. I, 108 et n. 4.

Merrakech (évêques de). — T. III, 94-98.

Merrakech (jardins de). — T. II, 401.

Merrakech (mellah de). — T. II, 399, 400. — T. III, 719, 729.

Merrakech (palais royal à). — T. II, 217, 400, 404, 405, 427. — T. III, L, 727.

Merrakech (rois de). — T. I, 413 n. 2. — T. III, 701.

Merrakech (royaume de). — T. I, Pl. I, 43, 49, 53-55, 61 et n. 2; 69, 72, 97, 109

n. 7; 206, 207. — T. II, 237, 238, 242-269. — T. III, 700, 704.
Mers el-Kebir. — T. I, 240 n 5; 244, 281.
Mers er-Remâd (bataille de). — T. II, 357 et n. 2; 360 et n. 3; 403 et n. 3; 411 et n. 2.
Mersat el-Moudjahadin. — Voir *Alhucemas.*
MERZOUK RAÏS, ambassadeur marocain en Angleterre. — T. II, 178 n. 1.
MESA (Sebastian de), historien. — T. I, 611 n. 6.
Meserra (El-), verger et palais, près de Merrakech. — T. III, 113 et n. 1; 429 et n. 4; 727 et n. 1.
MESQUITA (D. Pedro de), bailli de l'ordre de Malte, commandant l'artillerie du roi D. Sébastien. — T. I, 544 n. 4; 586 et n. 4; 601, 611, 674.
MESQUITA (Pedro de), gouverneur d'Arzila. — T. I, 569, 570.
MESSAOUD (Sidi), agent de MOULAY EL-OUALID à Safi. — T. III, 468 et n. 2.
MESSAOUD BEN MOLOUK, caïd. — T. I, 602 et n. 4. — T. II, 221 et n. 2; 224.
MESSIA (D. Augustin de). — T. II, 462, 463.
MESTREZAT (le s^r^). — T. III, 562 et n. 5.
MÉVILLON, MÉVOUILLON ou MÉOLLON (Pierre BON, seigneur de). — T. I, 351 n. 2; 368 et n. 2; 369, 372. — T. III, IV.
MEYER (Jacques de), négociant hollandais au Maroc. — T. II, 368.
MEZ (Antonio de), agent de D. ANTONIO. — T. II, 99.
Mezemma (El-). — Voir *Alhucemas.*
Mezguita, région. — T. II, 293-295, 310.
MICEA (Marco Antonio), agent secret espagnol. — T. II, 163-166, 176, 177.
Michal ou *Mechal (Dar ibn).* — T. II, 215 n. 3.
MICHEL (Eudes), marchand de Rouen. — T. II, 145.
MICHEL DE LA ROCHEMAILLET (Gabriel), ami de D. CHRISTOPHE. — T. III, 198 n. 1.
MICHEL DE NEVERS (le P.), capucin. — T. III, 110, 111 n. 1.
MICHEL DE VEZINS (le P.), capucin. — T. III, LXVII, LXIX, 103, 110, 130-137, 142-145, 148, 151-156, 158-165, 168-172, 175-182, 212, 215, 263 et n. 2; 264, 266, 268, 269, 337, 348, 380, 489, 733, 734.
Miel. — T. II, 256, 389.
Milice chrétienne (ordre de la). — T. III, 59 et n. 1, 2; 60, 61.
MILIGUEY (Iñigo de), agent espagnol à Fez. — T. II, 105 n. 3; 215 n. 1.
Millet. — T. II, 250, 255.
Mina (El-), comptoir portugais. — T. I, 515 et n. 5.
MIR (EL HADJ EL-), caïd. — T. II, 555 et n. 1.
MIRA (D. Affonso de NORONHA, comte de). — T. I, 567, 586, 613.
Miroirs. — T. I, 6. — T. III, II.
Missions chrétiennes. — T. III, 93-98. — Voir FRANCISCAINS.
MOCQUET (Jean), voyageur français au Maroc. — T. II, 383-417. — T. III, XXIX-XXXII.
Modon. — T. I, 50 et n. 3. — T. II, 97.
MOFFETTA ou MOUFFETA, caïd. — T. III, 453-458.
Mogador. — T. I, 107, 108 n. 1. — T. II, 253, 263, 267, 307. — T. III, LIII, 63 et n. 3; 64, 76-81, 117 et n. 3; 118, 121 et n. 2; 166, 176, 186, 203 et n. 3; 261, 266 et n. 1; 267, 272, 302, 324, 361 et n. 4; 362, 368, 383 et n. 4; 459, 700 et n. 9; 738.
MOHAMMED BEN ABDALLAH (SIDI), sultan filalien. — T. I, 108 n. 1.
MOHAMMED BEN ABD EL-KADER (MOULAY), prince saadien. — T. III, 746-748. — *Généal. Saad.*, n. 17.
MOHAMMED BEN ABD-EL-KADER CERON, caïd, gouverneur de la kasba de Salé-Rbat. — T. III, LXIX, LXXXI, 194 n. 5; 209-211, 217, 227, 228, 238, 282 n. 3; 308 et n. 1; 243, 244, 246, 308 et n. 1; 315, 370 et n. 1; 374.
MOHAMMED BEN ABOU BEKER (Sidi), chef de la zaouïa de Dila. — T. III, 198, 539 et n. 5; 577 et n. 2; 585 n. 3.
MOHAMMED, *alias* AHMED BEN ABOU HASSOÛN ALI (MOULAY), prince saadien. —

T. II, 414 et n. 3 ; 430 et n. 1 ; 432, 433 et n. 2. — *Généal. Saad.*, n. 29.

Mohammed ben Ahmed. — Voir El-Ayachi.

Mohammed ben Aïssa en-Neksis, mokaddem de Tétouan. — T. III, 583 et n. 1 ; 675 et n. 1, 2.

Mohammed ben Ali (Sidi), marabout d'Iligh. — T. III, 583.

Mohammed ben Ali ben Bou Cheta, serviteur de Mohammed *el-Kasseri*. — T. I, 168 et n. 1.

Mohammed ben Ali ber-Rached, seigneur de Chechaouen. — T. I, 137.

Mohammed ben Amar, gouverneur de Salé. — T. III, 499, 500, 501.

Mohammed Azarian, majordome de Moulay Abd el-Malek. — T. I, 591, 605.

Mohammed Blanco, secrétaire du divan de Salé. — T. III, 282 n. 1 ; 286 et n. 2 ; 296, 314 et n. 3.

Mohammed *el-Bortoukali*, roi mérinide de Fez. — T. I, 243, 422 et n. 6.

Mohammed ech-Cheikh *el-Aseghir* (Moulay), sultan saadien. — T. III, lxiii, lxiv, xcv, 157 et n. 6 ; 159 et n. 1 ; 196, 197 et n. 5 ; 198 et n. 5 ; 539-549, 550, 552-554, 568, 574 n. 5 ; 577 n. 1 ; 578, 579, 585-587, 629 et n. 3 ; 642, 679 et n. 1 ; 704 et n. 5, 8. — *Généal. Saad.*, n. 38.

Mohammed ech-Cheikh *el-Mahdi* (Moulay), sultan saadien. — T. I, 43, 44, 76 et n. 2 ; 109 et n. 5 ; 110, 111 n. 2, 3 ; 112, 118 et n. 2, 4 ; 119 et n. 3 ; 135 n. 2 ; 147 et n. 1 ; 149, 150 n. 1, 3 ; 151, 153 n. 2 ; 163, 164, 198 n. 1 ; 207 et n. 6 ; 231 et n. 1 ; 295 n. 5 ; 303 n. 5 ; 385 n. 4 ; 438 et n. 3 ; 440-446, 510 n. 2 ; 579 n. 2, 3 ; 584 et n. 3, 4 ; 585 n. 3 ; 618, 628 n. 3 ; 753 n. 1. — *Généal. Saad.*, n. 4.

Mohammed ech-Cheikh *el-Mamoun* (Moulay), sultan saadien. — T. I, 462 n. 2 ; 470 n. 7. — T. II, 194 n. 1 ; 206-211, 214-224, 226, 232 et n. 2 ; 238, 285, 318 et n. 4, 5 ; 319 et n. 1 ; 320 et n. 2 ; 326 et n. 2 ; 329 et n. 4 ; 338 et n. 7, 8 ; 339 et n. 10, 13 ; 348 et n. 2, 3 ; 349, 358 n. 1 ; 359, 361, 363, 365, 403, 404, 414, 415, 418 et n. 2 ; 420 et n. 2 ; 424 et n. 2 ; 427, 431, 437, 444-450, 452 et n. 1, 2 ; 454-461, 464, 466-469, 471, 473, 475 et n. 2 ; 478 et n. 2, 3 ; 479, 481-483, 487-489, 491 et n. 3 ; 492, 496 et n. 1 ; 497 et n. 1 ; 501, 507, 513, 553 et n. 5 ; 555. — T. III, xxviii, 2 et n. 3 ; 3 et n. 2 ; 4 n. 1 ; 31, 34 n. 3 ; 37 et n. 2 ; 82 n. 2 ; 701 n. 4. — *Généal. Saad.*, n. 22.

Mohammed ben ech-Chérif (Moulay), sultan filalien, frère de Moulay Er-Rechid et de Moulay Ismaïl. — T. III, 576 n. 4 ; 580-582.

Mohammed (El-Hadj), captif maure. — T. III, 481 et n. 2.

Mohammed ben Mohammed ben Abou Beker, alias Mohammed el-Hadj, alias Ben Boucar, marabout de Dila. — T. III, xciii-xcv, 198 et n. 5 ; 577-583, 585 et n. 3 ; 586 et n. 1 ; 618 et n. 2 ; 620 et n. 1 ; 670 et n. 2 ; 679 et n. 4 ; 701 n. 4 ; 702 et n. 1, 2 ; 709 et n. 4.

Mohammed *el-Harrân* (Moulay), prince saadien, fils de Moulay Mohammed ech-Cheikh. — T. I, 58 n. 1 ; 303 n. 5 ; 446 n. 1. — *Généal. Saad.*, n. 7.

Mohammed *el-Kaïm bi Amer Allah* (Moulay), chérif saadien, père de Moulay Ahmed *el-Aaredj* et de Moulay Mohammed ech-Cheikh. — T. I, 438 et n. 4 ; 439, 442 n. 3. — *Généal. Saad.*, n. 2.

Mohammed *el-Kasseri*, prince mérinide, régent de Fez. — T. I, 149, 167-169.

Mohammed *el-Mesloukh* (Moulay), sultan saadien. — T. I, 167-169, 231, 232 et n. 1 ; 339, 346, 348 et n. 3, 4, 5, 6 ; 350, 352 n. 1 ; 361 n. 1 ; 381, 382 et n. 1 ; 385, 390, 393, 419-421, 428-431, 434, 435, 448 et n. 5 ; 450-459, 461-464, 467 et n. 1 ; 469-471, 475, 477, 479, 480, 482, 483, 487, 489 n. 1 ; 492, 493, 498-500, 504 et n. 6, 7 ; 505, 511-513, 527-529, 535, 538, 539, 543, 544, 550-553, 555, 566-568, 575-579, 582 et n. 6, 7 ; 583 et n. 2, 6 ; 584, 588, 589, 595 n. 1 ; 597-599, 601, 608, 611, 619 et n. 5 ; 620 et n. 5 ; 628 n. 5 : 629 et

n. 4 ; 631-637, 639-643, 646, 647, 651 et n. 3 ; 653, 659, 661-667, 673-675. — T. III, 3 et n. 1 ; 4. — *Généal. Saad.*, n. 18.

MOHAMMED BEN MOHAMMED EL-HADJ, prince dilaïte, gouverneur de Fez. — T. III, 577 n. 4 ; 581 et n. 2.

MOHAMMED EN-NEQSIS, mokaddem de Tétouan. — T. III, 82-84.

MOHAMMED BEN OMEÏIA. — Voir VALOR.

MOHAMMED RAÏS. — Voir NEGRILLE.

MOHAMMED SAÏD, caïd. — T. III, 393.

MOHAMMED ES-SNOUSSI, caïd. — T. III, 189.

MOHAMMED TABA, caïd des elches, renégat génois. — T. I, 593, 613 et n. 9 ; 614 et n. 1 ; 622.

MOHAMMED ZARCO. — T. I, 486 et n. 3 ; 642, 644.

MOHAMMED *Zeghouda* (MOULAY), prince saadien. — *Généal. Saad.*, n. 32.

MOISSET, captif français. — T. II, 367.

MOLÈRES (le sieur de), agent français au Maroc. — T. III, LXXII, LXXIV, LXXVIII, LXXIX, 392-395, 404, 432, 433, 452, 455.

MOLON (Aymond ou Hémond de), agent français au Maroc. — T. I, 1 et n. 1 ; 16-18, 20, 24 et n. 2 ; 27 et n. 4 ; 29, 31 et n. 2 ; 32. — T. III, I, II.

MONANTHEUIL (Henri de), lecteur au Collège de France, médecin et mathématicien. — T. II, 315 et n. 1. — T. III, XIII et n. 8 ; XVI, XXII.

MONDEJAR (D. Iñigo LOPEZ DE MENDOZA, 3e marquis de), comte de TENDILLA, capitaine général de Grenade. — T. I, 286, 289.

MONDEJAR (D. Luis HURTADO DE MENDOZA, 2e marquis de), capitaine général de Grenade. — T. I, 243.

MONFAR, captif français. — T. II, 496.

MONJET SANTIAGO. — T. III, 313 et n. 1 ; 314.

Monnaies. — T. II, 355, 356. — T. III, 723, 724 et n. 1, 2.

MONRROY (D. Gutierre de), gouverneur de Sainte-Croix. — T. I, 58 n. 1.

MONTBERON (Jacques de), seigneur d'AUZANCES, agent français en Espagne. — T. I, 218 et n. 1.

MONTEYRO (Fernando), gentilhomme portugais. — T. III, 277, 278.

MONTFORT, agent d'Antoine de BOURBON au Maroc. — T. I, 202 et n. 3 ; 203. — T. III, III, IV et n. 1.

MONTMORENCY (Henri, duc de), connétable de France. — T. I, 270 et n. 1 ; 271. — T. II, 213 et n. 2. — T. III, XXI.

MONTMORENCY (Henri, duc de), fils du précédent. — T. III, LXVIII.

MONTMORT (Jean Habert, sieur de), financier français. — T. III, XLV, LVI, LVII, 55 et n. 5.

MONTPENSIER (Henri de BOURBON, duc de). — T. II, 331 et n. 6. — T. III, XXIX.

MORA. — Voir MOURA.

MORAES (Alvaro de), gentilhomme portugais. — T. I, 124.

MORAT AGA. — Voir MORAT RAÏS.

MORAT FRANÇOIS, renégat français, caïd. — T. III, LXIV, 451 et n. 1 ; 459, 464 et n. 4 ; 466, 467, 494, 549 et n. 1 ; 552 et n. 3.

MORAT GENEVOIS. — Voir MORAT RAÏS.

MORAT RAÏS, alias MORAT AGA ou HADJI MORATO, renégat albanais, corsaire d'Alger, beau-père de MOULAY ABD EL-MALEK. — T. I, 290 n. 3 ; 361 n. 1 ; 381 et n. 3 ; 394. — T. II, 125 et n. 2 ; 127 et n. 1, 2.

MORAT RAÏS, alias MORATO ou MORATO-ARRAEZ, alias capitaine JOHN, ou JANSZ. (Jan), renégat néerlandais, corsaire de Salé. — T. III, XLVI, XLVII, 285, 290 et n. 4 ; 295, 309 et n. 2 ; 310, 313-315, 451 n. 1.

MORAT RAÏS, alias MORAT GENEVOIS, renégat génois, corsaire de Salé. — T. III, 451 n. 1 ; 533 et n. 2 ; 538 et n. 1, 2.

MORATO. — Voir MORAT RAÏS.

MOREDA (D. Diego de), gouverneur de Larache. — T. III, 623, 675 n. 2.

Morée. — T. I, 321.

MOREIRA (Alexandro), officier espagnol. — T. I, 606.

Morel (le frère Pierre), dominicain. — T. III, lviii, 167 et n. 1; 380, 381 et n. 1, 2.
Moriscos, Morisques, Mores andalous. — T. I, 116 et n. 3; 141 et n. 5; 162 et n. 9; 286-289, 291 n. 4, 5; 293-299, 318 n. 2; 408, 537, 548, 552, 557, 561, 569. — T. II, 206 et n. 2; 472, 475, 479, 494, 502, 507, 517. — T. III, 66, 79, 97, 98, 103, 187-198, 360, 362 n. 3; 702 et n. 1, 4; 722, 724.
Morone (Jean), cardinal. — T. I, 244 et n. 2.
Mortara (Juanetin ou Gianettino), génois, agent espagnol au Maroc. — T. II, 424, 425 et n. 1; 426 et n. 3; 428 et n. 1; 437 et n. 4; 443, 458, 459, 473, 478, 482, 483. — T. III, xx.
Mosquées. — T. III, 680, 728 et n. 6; 729.
Mouâta (bataille de). — T. II, 329 et n. 3, 4.
Moudjahidin. — T. III, 193, 194.
Moudjedem (El-). — T. 254 et n. 1; 264, 267, 309.
Moulay, titre réservé aux princes des dynasties chérifiennes au Maroc. — T. III, p. 358 et n. 2.
Moulouïa (oued). — T. I, 409 et n. 4. — T. III, 580.
Moumen Bou Kourzia, caïd. — T. II, 209 et n. 3, 4; 210, 221 n. 1; 224, 408 et n. 3.
Mouna. — T. III, 433 et n. 1.
Moura (D. Christovão de), vice-roi de Portugal. — T. I, 571, 573. — T. II, 175 et n. 2; 447, 478 et n. 1.
Moura (Miguel de), régent de Portugal. — T. I, 469 n. 1; 574.
Moura Telles (Ruy de), gouverneur de Mazagan. — T. III, 595 et n. 2; 604.
Mousquets. — T. I, 379 n. 22.
Moustafa. — Voir Mustapha.
Moussa ben Abd en-Nebi, ambassadeur chérifien à Constantinople. — T. I, 359-364. — T. III, vii.
Moussa bou Rema, caïd. — T. I, 593.
Moussa Santiago, hornachero. — T. III, 541.
Moutons. — T. I, 123, 128.
Mouy (Charles de), vice-amiral de France. — T. III, 743 et n. 1; 744.
Mozambique. — T. I, 309. — T. III, xxx n. 6.
Mtal. — T. II, 245 et n. 3; 264, 267, 308.
Muezzin. — T. III, 680 et n. 1, 2, 3, 4; 681 et n. 1.
Mugurus. — T. II, 246-248, 262, 308. — Cf. *Megrous*.
Mulâtres. — T. I, 475 et n. 2.
Mulets. — T. II, 217 et n. 3; 220, 256.
Mumefarra, caïd. — T. II, 34 et n. 6; 35 et n. 7; 36, 38.
Municot de l'Hospital, corsaire français. — T. I, 193 et n. 4; 194, 199.
Munitions. — T. I, 158, 185, 187, 294, 456, 465, 467, 468, 471, 494, 526, 533, 549, 562, 563, 568, 633 et n. 3. — T. II, 133, 144, 149, 339, 384. — T. III, 414.
Muniz de Lião (Jorge), gentilhomme portugais. — T. I, 237.
Murcie. — T. II, 464, 518.
Musc. — T. III, 123.
Mustapha, pacha de Tunis. — T. 322, 325 n. 1.
Mustapha Chichibi, caïd commandant l'artillerie de Moulay Abd el-Malek. — T. I, 605.
Mustapha Peïk, caïd. — T. I, 609.
Mustapha pacha, renégat, caïd. — T. II, 209 et n. 5; 210, 222, 224, 226 n. 1; 467 et n. 5.
Naples (royaume et ville de). — T. I, 50, 51, 226, 255, 256, 274 n. 1. — T. II, 323, 332, 523.
Napollon (Samson). — T. III, 153 et n. 1; 482.
Napoulon (Philipon), patron de barque. — T. II, 109.
Nassau (Guillaume et Maurice de). — Voir Orange (prince d').
Nassau (le comte Ludovic de). — T. I, 322 et n. 2.
Nasser (En-), prince mérinide. — T. I, 422 et n. 7.
Nasser (Moulay En-), prince saadien, fils de Moulay Abdallah *el-Ghalib*. — T. I,

451 et n. 1, 2; 550 n. 1; 599 et n. 1; 600, 631, 632. — T. II, 205-212, 213-227. — T. III, XVI, XXI et n. 4. — *Généal. Saad.*, n. 19.
NASSER CARTA. — T. II, 551 n. 2.
Navarin. — T. I, 512.
NAVARRE (roi de). — Voir BOURBON (Antoine de).
NAVARRO (Pedro). — T. I, 243, 424 et n. 2.
Navigation (liberté de la). — T. I, 2, 10, 11, 13, 20, 21. — T. III, 11 et n. 3.
Nedja (oued *En-*). — T. II, 278 n. 1.
Nefis (oued). — T. II, 257 et n. 7; 265, 268 n. 3; 312 n. 3.
Négrepont. — T. II, 96.
Nègres, II, 385.
NEGRILLE, corsaire d'Alger. — T. III, 227, 239, 241, 243.
NEQSIS (EN-). — Voir ABDALLAH, AHMED et MOHAMMED EN-NEQSIS.
EN-NEQSIS (les). — T. III, 82 n. 2.
NEVERS (Charles de GONZAGUE, duc de), puis duc de MANTOUE. — T. III, 59 n. 2; 338 et n. 1.
NEVESCHE (le commandeur de). — T. III, LXXVIII n. 3.
Nice. — T. II, 571 n. 2. — T. III, VI.
NICOLAS, patron de navire. — T. III, 225.
NICOT (Jean), ambassadeur de France au Portugal. — T. I, 213 et n. 1; 214, 215.
NIETO (fray Luis). — T. I, 398, 399, 438-505.
Niger (le), fleuve. — T. III, 429 n. 2; 710 et n. 2; 711.
NOAILLES (Antoine de), gouverneur de Bordeaux. — T. I, 203 et n. 1. — T. III, III.
NOAILLES (François de), évêque de Dax, ambassadeur de France à Constantinople. — T. III, 754 n. 3.
NOAILLES (Gilles de), ambassadeur de France à Constantinople. — T. III, VII et n. 3.
NOBALLAS (le capitaine), corsaire français. — T. I, 193.
NODAL (Bartolomé de), officier de marine espagnol. — T. II, 570.
Noix. — T. II, 256.
NORONHA (D. Affonso de), gouverneur de Ceuta. — T. I, 133 et n. 3; 137. — Voir MIRA (comte de).
NORONHA (Miguel de), colonel portugais. — T. I, 521 et n. 2; 552, 557, 585, 601, 610, 612, 655 et n. 7.
NORRIS (Sir John), colonel anglais. — T. II, 162 et n. 2; 170, 180, 186 et n. 1; 205 n. 10; 226 et n. 3.
NUNES (Iñacio). — T. I, 123.
Nzala Argana. — T. II, 260 n. 1.
OISEL ou OYSEL (Henri CLUTIN, seigneur d'), ambassadeur de France à Rome. — T. I, 269 et n. 1.
OLIVARÈS (D. Gaspar de GUZMAN, comte d'). — T. III, LXXXIV.
OLIVEIRA DE VASCONCELOS (Pedro de). — T. III, 277.
Oliviers. — T. I, 121 et n. 1, 4; 123. — T. III, 727.
OMAR (Moulay), prince saadien, frère de MOULAY ABDALLAH *el-Ghalib.* — T. I, 448 et n. 2, 4.
ONGOYS (Jean d'), imprimeur. — T. I, 398 et n. 3.
OQUENDO (Antonio de), amiral espagnol. — T. II, 437, 449.
Or, poudre d'or. — T. I, 112. — T. II, 271 n. 7; 359 et n. 2; 408 et n. 2 543; et n. 3. — T. III, 118, 122, 123, 360, 361, 372 n. 5, 6; 416 et n. 1; 429 et n. 2; 430, 678, 707 et n. 2; 709-711, 723.
Oran. — T. I, 55 et n. 1; 190 n. 1; 216 et n. 5; 217, 240 et n. 5; 241, 244, 246, 281, 287. — T. II, 68, 115, 333, 494, 516 et n. 1. — T. III, 70 et n. 1; 71, 367.
ORANGE (Guillaume de NASSAU, prince d'). — T. I, 286, 377 et n. 1; 380, 413 et n. 7; 521-523, 529, 530. — T. II, 490, 491, 580.
ORANGE (Maurice de NASSAU, prince d'). — T. III, XXIV, 47, 127, 471.
Ordres militaires. — T. I, 72, 84 et n. 2; 100-102, 140 et n. 3. — T. III, 63 et n. 2; 68-72.
Ordres rédempteurs. — T. III, 555-562. — Voir MERCÉDAIRES et TRINITAIRES.

OREM BEY. — T. I, 356.

Orge. — T. I, 145. — T. II, 389. — T. III, 721 et n. 1.

ORLÉANS (Gaston de BOURBON, duc d'). — T. III, LXXXIV.

ORSET (Pierre), marchand de Lyon. — T. III, LXXXVII et n. 2.

Ortegal (cap d'). — T. III, 208 et n. 1; 530 et n. 1.

ORTHEZ (Bernard d'ASPREMONT, vicomte d'), gouverneur de Bayonne. — T. I, 222 et n. 4; 226.

OSAIN ou OSARIN DE RAGUSE, caïd des Andalous de MOULAY ABD EL-MELEK. — T. I, 548 et n. 3; 549.

OSORIO (D. Luis), officier espagnol. — T. I, 266.

OSUNA (D. Pedro TELLEZ GIRON, duc d'). — T. II, 437 et n. 5; 439.

OSUÑA (Lella), femme de MOULAY MOHAMMED *el-Mesloukh*. — T. I, 597 et n. 3.

OUALI, agent de Sidi ALI, marabout d'Iligh. — T. III, 545.

OUALID (MOULAY EL-), sultan saadien, fils de MOULAY ZIDÂN. — T. III, XLVI, LXXII, LXXIV-LXXVI, LXXVIII, LXXXIV et n. 3; LXXXVII, LXXXVIII, 55, 157 et n. 6; 159 et n. 1; 171 n. 3; 195, 196, 363 et n. 3; 384 et n. 3; 392-396, 404, 406-417, 429, 432, 433, 437, 438, 442, 443, 445-459, 472-475, 477, 483, 487, 491-494, 497-500, 503 et n. 2; 504, 506, 509-514, 519, 523, 527, 566, 704 et n. 4; 706, 724 et n. 6. — *Généal. Saad.*, n. 36.

Oualidia (El-). — T. III, XLVI, LXXV, 55 et n. 2; 468 et n. 3; 700 et n. 5; 705, 717, 738. — Voir *Aïer*.

Ouarour (oued). — T. I, 547 et n. 5; 549 n. 1.

Ouarzazat. — T. II, 292 et n. 3; 294, 295, 310.

Oudjda. — T. III, 582.

Oued el-Abid. — Voir *Abid* (*Oued el-*).

Oued Ras, région. — T. III, 276, 427.

Oufran (El-). — T. III, 700 et n. 7.

OULAD AMRAN, tribu. — T. II, 245 et n. 2; 264, 267, 308.

OULAD DOUAÏB, tribu. — T. III, 197 et n. 5.

OULAD GRAOUI, tribu. — T. II, 296 et n. 2.

Oulad er-Raffa. — T. II, 299 et n. 9.

Oumm er-Rebia (oued). — T. I, 44, 410 et n. 1. — T. II, 248 et n. 7; 261, 265, 277. — T. III, 578.

OUREA (Diego), interprète. — T. II, 478.

OUSLEY (Nicolas), agent anglais. — T. II, 178 n. 1; 185 n. 1.

OUTÂT OULAD EL-HADJ, tribu. — T. II, 283 et n. 1; 289, 310.

OXEDA (Luis de), historien. — T. I, 575-627, 624, n. 2, 4.

PACIFIQUE DE BEAUGENCY (le P.), capucin. — T. III, 487-490.

PACIFIQUE DE MAZÉ (le P.), capucin. — T. III, 267, 343, 344, 346.

PADILLA (Antonio de), officier espagnol. — T. III, 619.

PADILLA (D. Martin de), adelantado de Castille. — T. I, 290 n. 3. — T. II, 127 n. 1.

PADOUAN (Antoine), officier français. — T. II, 14 n. 1.

PALLACHE (David), fils de Joseph, agent de MOULAY EL-OUALID. — T. III, LXXXVIII, 352, 391-398, 442 et n. 8, 9; 443, 445, 451-454, 457, 458, 471-475, 506 n. 2; 513 n. 2.

PALLACHE (Isaac), fils de Joseph. — T. III, 562 et n. 1.

PALLACHE (Joseph), agent du Maroc aux Pays-Bas, frère de Samuel. — T. II, 343 et n. 1; 475 et n. 3; 476 et n. 2. — T. III, 391, 396, 471.

PALLACHE (Moïse), fils de Joseph, interprète du roi de Maroc. — T. II, 476 et n. 4; 478 et n. 4. — T. III, LXXIX, LXXXVIII, 249 et n. 2; 253, 254, 318, 322 et n. 1, 391-393, 395, 396, 398 et n. 1; 411 et n. 3; 436, 448-458, 460, 471.

PALLACHE (Samuel), agent du Maroc aux Pays-Bas. — T. II, 343 et n. 1; 349, 352, 353, 375 et n. 1; 433 et n. 1; 454 n. 1; 475 et n. 3; 476 et n. 1. — T. III, XLI n. 4; XLVIII, 391, 395 et n. 1, 2.

PALLACHE (les). — T. I, IV. — T. III, XLVI, LVII, LXIII, LXXI, LXXIV, LXXXI et n. 1;

325 et n. 2 ; 342 et n. 3 ; 391-396, 442 et n. 4 ; 449 et n. 1 ; 450, 458, 513 n. 2 ; 543 et n. 3.

PALLOT ou PALOT, capitaine de vaisseau. — T. III, LXX, LXXI, 289-291, 297-303, 306, 310, 312, 317, 320, 338, 340, 391, 735.

Palmiers. — T. III, 727.

PALO (Pie de), corsaire français. — T. II, 545.

PARASOL. — Voir JULIEN-PARASOL.

PARDIN (le capitaine Sébastien), italien, agent français en Angleterre. — T. II, 138, 176.

PARDO DE TAVERA. — Voir SANTIAGO.

PARIENTE (les), juifs marocains. — T. III, 675 et n. 3.

Paris. — T. I, 26, 27. — T. II, 132 et n. 3 ; 147 et n. 1 ; 416. — T. III, V, VI, XV-XVII, XX, XXV, XXXII, XXXIII, LXXXVIII, 469, 557.

PARME (Marguerite d'AUTRICHE, duchesse de), gouvernante des Pays-Bas. — T. I, 275.

PASSEVENT (René), captif français. — T. III, 238.

PAULET (Angélique et Charles). — T. III, LXXXIV, LXXXV et n. 1.

PAULO (Pero), patron de navire portugais. — T. I, 165.

PAULO (Baltasar). — Voir POLO.

PAVIA (Alvaro de), agent de D. ANTONIO. — T. II, 182.

PAYAN-REINIER, captif français. — T. III, 89.

PAYS (Pierre), captif français. — T. III, 91.

PAYS (Santos). — T. II, 130.

Pays-Bas (les). — T. I, 327 et n. 2 ; 377 n. 1 ; 413 et n. 7. — T. II, 89, 138 et n. 2 ; 146, 337, 338, 518 et n. 1. — T. III, XLIX, L, 596.

Peaux de chèvres. — T. II, 135, 386. — Voir Maroquins.

Pêche, navires de pêche. — T. I, 106-111. — T. II, 383 n. 3 ; 386, 387. — T. III, XXX, XXXI.

Peïks. — T. I, 603 n. 1 ; 618.

PEIRESC (Nicolas-Claude FABRI DE), érudit français. — T. III, XII et n. 4.

Pèlerinages. — T. III, 712, 713 et n. 1.

PENELLA (comte de). — T. I, 45.

PENNESHIR (Le s[r] de), officier de marine français. — T. III, 218.

Peñon de Velez (le). — Voir *Velez (le Peñon de)*.

PERALTA (Affonso de), gentilhomme portugais. — T. I, 124.

PEREIRA (Dionisio), gouverneur intérimaire de Ceuta. — T. I, 625 n. 3.

PEREIRA (Nuno), gentilhomme portugais. — T. I, 237.

PEREZ (Antonio), ministre de Philippe II. — T. II, 344.

PEREZ (Vicente), gentilhomme portugais. — T. I, 24 n. 5 ; 33, 34.

PEREZ FREIRE (Diogo), gentilhomme portugais. — T. I, 238.

PÉRILLIÉ, consul de France au Maroc. — T. III, C n. 5.

PERRIER (Peiron), captif français. — T. III, 756, 757.

PERRIN CORREA. — Voir PRYNNE.

Peste. — T. I, 18, 32, 95 et n. 2. — T. III, VII, 144, 157, 159, 181-183, 212 et n. 3 ; 268, 627.

PETIT (le P. Louis), général des Trinitaires. — T. III, 559 et n. 3 ; 563.

PETRIGNANO (Pietro). — T. III, 60 n. 1.

PEYRON, patron de navire. — T. II, 446 n. 1 ; 457.

PEYXOTO DE SAA (Diego), gentilhomme portugais. — T. I, 238.

PHELIPPE (Jean). — Voir CASTELANE.

PHILIPPE II, roi d'Espagne. — T. I, 153 n. 2 ; 174, 175, 188 n. 3 ; 190-198, 204, 224, 225, 227, 230, 244-251, 254-256, 258, 259, 261-264, 268, 270-274, 278, 281, 286, 289, 291-293, 295-297, 299 n. 3 ; 301, 302, 308, 311 n. 2 ; 315, 316, 318, 321, 324 et n. 1 ; 329-333, 339-341, 350, 351, 366, 373, 375, 379 n. 22, 24 ; 383 n. 2 ; 397 n. 1 ; 401, 402, 408, 460 n. 1 ; 464 et n. 4, 5 ; 465 et n. 3 ; 507 et n. 1 ; 511-515 ; 518-525, 529-531, 535 et n. 1 ; 542, 545, 569-571, 577, 578, 581, 625 et n. 3 ; 636, 668 n. 2 ; 673, 674, 676. — T. II, 1, 2, 4, 7, 16, 17, 20, 30, 55, 58, 60, 62, 64, 65, 67 et n. 2 ; 71, 79, 80-89, 91-95, 98, 99, 101-103, 108,

109, 111, 113, 115, 117-119, 121, 123, 139, 152, 158, 165, 166, 169, 171, 173, 178, 187, 190 et n. 2; 200, 203-207, 212, 226, 227, 229, 286 n. 5; 332 et n. 5; 344. — T. III, v, vi, viii, xi, xviii.

PHILIPPE III, roi d'Espagne. — T. I, 274 n. 1. — T. II, 318, 319, 326, 328 et n. 2; 329, 331, 332, 338, 343, 349, 353, 427, 442, 454, 458, 540, 552. — T. III, xviii, xix, xxxviii, xliv, xlvi, liii, 37; 38.

PHILIPPE IV, roi d'Espagne. — T. III, 597, 603, 604, 607, 608, 628, 631-634, 647, 648, 650, 651, 655-657, 661-663.

PHILIPPE D'AFRIQUE ou D. FELIPE DE AFRICA. — Voir ECH-CHEIKH (MOULAY).

PHILIPPE D'AUTRICHE (D.), prince mérinide. — T. I, 274 n. 1; 276.

PHILIPPE CASTELANE (Jean). — Voir CASTELANE (Jean PHILIPPE).

PIEFORT (Robert), marchand anglais. — T. III, 449.

PIERRE D'ALENÇON (le P.), capucin. — T. III, lxvii, lxix, lxxx et n. 1; 103-106, 108-110, 114, 130-140, 142-145, 147, 148, 151-156, 158-165, 167-177, 179-183, 212, 213, 215, 263 et n. 2; 264, 266, 268, 269, 337, 348, 380, 489, 733, 734.

PIMENTEL (Jorge), gentilhomme portugais. — T. I, 149-152.

PIMENTEL (Rodrigo). — Voir BENAVENTE.

PINA (Lope de). — T. I, 143, 144.

PIPIN (Baptiste), captif français. — T. III, 756, 757.

Piques, piquiers. — T. I, 28, 32, 35, 37, 38, 183 et n. 4; 185, 255 n. 2; 294, 397, 476 et n. 5; 495 et n. 1, 2; 581 n. 1; 599 n. 3; 640 et n. 5.

Pirates. — Voir Corsaires.

PIRES (Simon). — T. I, 147.

PIRES DE ANDRADA. — Voir ANDRADA.

PIRES DE TAVORA. — Voir TAVORA.

PISE (Hercule de), capitaine italien. — T. I, 551 et n. 4; 640 n. 4. — T. III, xi et n. 4.

PITON (Pierre de), agent français au Maroc. — T. I, 1-4, 8 n. 1; 14-40. — T. III, i, ii, 743, 744.

POINCY (le sieur de), capitaine de vaisseau. — T. III, lxxv, 516, 534.

POITRINCOURT, patron de navire. — T. III, 531.

Poivre. — T. I, 379 n. 22; 518.

POLO (Baltasar), agent espagnol au Maroc. — T. II, 200 et n. 2; 206 n. 6; 211 et n. 7; 227. — T. III, xxi.

PONS, médecin français. — T. II, 314.

PORTALEGRE (Alvaro de SILVA, comte de). — T. I, 574, 673.

PORTALEGRE. — Voir SILVA (Juan de).

Porto Farina. — T. I, 311, 315, 329 n. 4; 338.

Portugal. — T. I, 23 n. 1; 43, 55 n. 2; 119, 153 n. 2; 156, 217, 219 et n. 4; 227, 255, 296 et n. 2; 515, 516. — T. II, 72, 86, 89, 92, 95, 115 et n. 2; 123, 162, 164, 168, 171, 172, 176, 181, 184, 226. — T. III, 596.

PORTUGAL (Affonso, cardinal de). — T. I, 95 n. 1.

PORTUGAL (D. Antonio de). — Voir ANTONIO (D.)

PORTUGAL (D. Luiz de), père de D. ANTONIO. — T. I, 586 n. 7.

PORTUGAL-BRAGANCE (Jayme de). — T. I, 586 n. 5.

POSYLON (M[r] de), gentilhomme français. — T. I, 18 n. 1; 27, 31-33, 35.

Poudre de guerre. — T. I, 164, 185 et n. 1; 223, 379 n. 22; 445 et n. 5; 494. — T. II, 181-183, 217. — T. III, 722.

POULAIN (Michel), trésorier des États de Bretagne. — T. III, 666.

POVIEIRA DA SILVA, secrétaire d'État en Portugal. — T. III, 690.

PRADA (Andres de), secrétaire d'État en Espagne. — T. II, 478, 480 et n. 2; 481, 483, 484, 488, 526 et n. 5.

Prahya (la). — Voir *Sainte-Croix*.

PRAT (André), consul de France à Salé et à Tétouan. — T. III, lxxxi et n. 6, 7, 8, 9; lxxxix, xciii-xcvi, ci, 273, 274, 318 n. 3; 372, 373 et n. 1, 3; 375, 376, 434 et n. 2; 568 et n. 3; 636-638.

PRAT (Henri), consul de France à Salé et à Tétouan. — T. III, xciii, xciv, xcvi-c, cii, 590 n. 1; 643-646.

Présents. — T. I, 5-7, 16, 19, 572. — T. II, 30-32, 115, 122 et n. 5 ; 331, 338 et n. 2 ; 486. — T. III, XVI, XXXV, LXXXIII n. 1 ; 203, 204 et n. 3 ; 207, 217, 224, 249, 250, 254, 258, 260-262, 264 et n. 8 ; 267, 312, 317, 323, 327, 340, 392 et n. 10 ; 404, 433, 461-465, 476, 478-480, 487, 503 et n. 3 ; 504, 506, 507 et n. 2, 3 ; 508, 512 n. 1 ; 709, 732, 744.

Presidios. — V. Fronteras.

PRESTON (Mattheus), marchand anglais au Maroc. — T. III, L.

Prises maritimes. — T. I, 157. — T. II, 125, 126, 139, 142, 161. — T. III, 74, 78, 80, 115-117, 121, 146, 147, 193 n. 2 ; 218-222, 224-229, 232, 233, 240, 241, 245, 258, 259, 267, 270, 271, 293-295, 298, 299, 301, 305, 307, 308, 311, 325, 338, 339, 341, 364, 365, 371 et n. 3, 4 ; 374, 375, 394, 405, 407, 409, 410, 415, 435 et n. 1 ; 436, 442, 443 et n. 3 ; 446, 473, 502-504, 515-522, 530, 531, 537, 538, 547, 548 et n. 1 ; 630, 635-639, 642, 670, 672, 712, 724, 735 et n. 1.

PROVANA (André de), amiral de Savoie. — T. III, XLI n. 1.

Provence. — T. I, 255. — T. II, 333, 502.

PRUNAY (les frères de), gentilshommes français. — T. I, 203 et n. 4. — T. III, III.

PRYNNE (Edward), alias PERRIN CORRFA (Duarte), agent de D. ANTONIO. — T. II, 168 et n. 4 ; 177 et n. 1 ; 184, 186, 187 et n. 1 ; 192, 193.

Puerto Santa-Maria. — T. I, 157 et n. 3. — T. II, 229, 516, 519. — T. III, 622.

PUISIEUX (Pierre BRULART, vicomte de), ambassadeur de France en Espagne et secrétaire d'État. — T. II, 350, 361, 420, 436, 438, 441, 443, 444, 446, 448, 450, 451, 453, 455, 456, 458, 461, 463, 469, 471, 472, 474, 477, 480, 483, 487, 489, 499, 512, 529, 530, 544, 550, 556, 558, 561, 562, 564, 577, 579, 583, 587, 588, 592-594. — T. III, 51.

QUEHILLAC (Jean FOURCHÉ, seigneur de), procureur syndic des États de Bretagne. — T. III, 667 n. 2.

RABELO (Bartolomé), agent du roi de Navarre au Maroc. — T. I, 177 n. 1 ; 197, 198.

RACHED (BEN-). — Voir ALI BEN-RACHED et IBRAHIM (MOULAY).

RAHAMNA. — Voir REHAMNA.

Raïçana (oued *Er-*). — T. I, 428 et n. 5 ; 650 et n. 4.

RAINSBOROUGH (William), amiral anglais. — T. III, 147 n. 1 ; 196 et n. 4 ; 197.

RALEIGH (Sir Walter). — T. II, 228.

RALLE (le P. Claude), général des Trinitaires. — T. III, 668 et n. 2.

Ramadan. — T. III, 681, 682 et n. 1, 2, 3.

Rambouillet (Nicolas d'ANGENNES, seigneur de), diplomate français. — T. I, 229 et n. 2.

RAMDAN, pacha d'Alger, puis de Tripoli. — T. I, 350, 352-358, 452 n. 3 ; 455 et n. 4 ; 456, 632, 633. — T. II, 113 et n. 2.

RAMOS (Pedro de), captif espagnol. — T. III, 424.

RAOUL (Jacques), évêque de Maillezais. — T. III, 669 et n. 1.

RAPOSO (le caïd), renégat portugais. — T. I, 550 n. 1, 659.

RAPOSO AZEDO (Antonio). — T. III, 29.

Ras Ardana. — T. I, 546 et n. 4.

Ras el-Aïn (oued). — T. I, 207 et n. 5.

Ras el-Aïn (bataille de). — T. II, 418 n. 1 ; 428, 429 et n. 3. — T. III, XX.

Ras el-Ma (bataille de). — T. II, 553 n. 3.

RASTIN (Gaspard de), vice-consul français à Salé. — T. III, LXIV, LXXVI, LXXXVIII-XCIII, 196, 318 n. 3 ; 474 n. 1 ; 537 et n. 2, 3 ; 538, 539, 546, 549 et n. 2 ; 558, 584-591.

RAZILLY (Claude de), dit LAUNAY-RAZILLY, frère d'Isaac. — T. III, LXIV n. 8 ; LXVIII, LXXIII, 112 et n. 2 ; 135.

RAZILLY (François de), frère d'Isaac. — T. III, XLV, LIV, LV et n. 1 ; LXV et n. 3 ; LXVI, 100-102.

RAZILLY (Gabriel de), fils de François et neveu d'Isaac. — T. III, LXIX et n. 1 ; 127 et n. 2 ; 128, 179 et n. 2 ; 183, 202 et n. 2 ; 212, 215, 265, 268, 269, 380 et n. 5 ; 385 et n. 2.

RAZILLY (Isaac, dit le chevalier, puis le com-

mandeur de). — T. III, XLIV, XLV, XLVII, LIV et n. 5; LVII, LIX, LX, LXIV-LXXIV, LXXVIII-LXXX, XCIII, 26 et n. 3; 96-98, 100-111, 112, 115-131, 133, 135-139, 140, 142, 143, 145, 146 et n. 1; 148-151, 153, 155 et n. 1, 2; 158-162, 169, 174-176, 179-181, 184-186, 194 et n. 3; 199-222, 224, 228, 231-233, 235, 238-244, 246, 247, 248-262, 264, 265, 267-272, 282, 288, 289, 290, 292, 296-298, 301, 302, 304-307, 309-311, 313-318, 321-329, 337-349, 353, 355, 356, 358 n. 1; 364 et n. 7; 365, 371, 373, 375, 390-395, 397, 399-407, 411 et n. 2; 413, 416, 418 et n. 2, 3; 432, 433, 436 et n. 2; 437, 439, 445, 448, 449 et n. 6; 452, 455, 486 et n. 4; 500, 557, 706 et n. 4; 724 et n. 3, 4, 5; 732 et n. 1; 733, 734 et n. 2; 735

Razzias. — T. I, 119-132, 278 et n. 1, 2. — T. II, 207, 210, 211. — T. III, 275, 276 et n. 2; 582.

Rbat, alias *Salé-le-Neuf*. — T. II, 265 et n. 2. — T. III, 188 et n. 5; 189, 192-198, 332 et n. 3; 334-336, 360 et n. 5; 363, 364 et n. 1; 368, 539 et n. 4; 540-542, 548, 585, 702 et n. 6; 722 et n. 1, 2. — Voir *Salé* (Kasba de).

REALES (Juan-Bautista). — T. II, 505, n. 1.

REBUT (Thomas), captif français. — T. III, 675.

RECHID BEN ECH-CHÉRIF (MOULAY ER-), sultan filalien. — T. III, 581-583, 699 et n. 3.

RÉCOLLETS. — T. III, XCVII, 645, 646 et n. 1, 2, 3. — V. FRANCISCAINS.

REDONDO (D. João COUTINHO, comte de), gouverneur d'Arzila. — T. I, 33, 116 et n. 2; 135.

REDONDO (D. Luis COUTINHO, comte de). — T. I, 567.

REDOUAN ou RODOUAN, renégat français, caïd. — T. III, 384.

REDOUAN EL-EULDJ, renégat portugais, caïd. — T. I, 535 et n. 3; 536, 560 n. 2; 597 n. 3. — T. II, 36-38, 45, 48-50, 52, 53.

REFFUGE (Eustache de), ambassadeur de France aux Pays-Bas. — T. II, 580 et n. 8, 581.

REGRAGUI (Sidi ER-), captif marocain à Malte. — T. III, 414 n. 1; 442-444, 446, 456, 457, 472 et n. 3, 5.

REHAMNA (les), tribu. — T. III, 24 et n. 2; 383 et n. 3.

REINAUT (Charles), aventurier français. — T. III, LIII.

RENÉ d'ANGERS (le P.), capucin. — T. III, 179.

Renégats, reniés. — T. I, 486, 537, 548, 552, 560, 561, 631, 632. — T. II, 216, 220, 222-224. — T. III, 227, 269, 303 et n. 2; 384, 449, 462, 464-466, 489, 490, 505, 531, 548, 549, 578 et n. 2; 587 et n. 2; 728 et n. 1. — Voir Elches.

RESENDE (Bastião de). — T. I, 621 n. 3.

RETA, alfaquèque. — T. III, 278-280.

RETZ (Albert de GONDI, comte de), gouverneur de Provence. — T. I, 369, 372.

RETZ (Pierre de GONDI, duc de), général des galères. — T. III, 446, 454, 472, 485 et n. 1; 531.

REVEL (P.), captif français. — T. III, 89.

REYMOND (Antoine), vice-consul de France à Salé. — T. III, XCVIII.

RIBEIRA (João), ingénieur portugais. — T. I, 143, 148.

RICHAR (Francisco), officier marinier. — T. I, 24 n. 4; 30 et n. 2.

RICHART, résident français à Fez. — T. I, 24 et n. 4.

RICHELIEU (Armand DU PLESSIS, cardinal de). — T. III, LXIV, LXVIII, LXIX, LXXII, LXXIV, LXXXI, XC, XCIII, 1, 12, 96, 110, 115, 119, 123, 124, 186, 199, 203, 204, 213, 216, 221, 223, 232, 243, 250, 256, 257, 263-265, 282, 300-302, 305, 321, 328, 329, 338, 369, 374, 376, 390, 392-394, 397, 405, 432, 436, 486, 502, 506, 512, 513, 516, 534, 538, 539, 546, 549, 558, 563, 584, 589, 630 et n. 1; 635-638.

Rif (*Er-*), région. — T. I, 410 et n. 4. — T. II, 237.

RIZZO (Antonio), agent français à Alger. — T. III, 754 et n. 1.

Roberts (Henry), ambassadeur anglais au Maroc. — T. II, 157 et n. 2.
Robillard (François), captif français. — T. III, 235.
Rodolphe II, empereur. — T. II, 89, 326, 331 et n. 3; 338.
Rodolphe d'Angers (le P.), capucin. — T. III, lxvii, lxviii, lxix, lxx, 103, 109, 110, 135, 151, 155, 162, 166, 202, 213, 216, 247, 248, 251, 258, 267 et n. 4; 269, 271, 312 et n. 1; 340, 344, 724, 733, 734 et n. 2.
Rodrigue (Don), roi d'Espagne. — T. I, 94 et n. 2.
Rodriguez (Bartolomeu), gentilhomme portugais. — T. I, 160, 162.
Rodriguez (Fernão), commissaire de São Tome. — T. I, 237.
Rodriguez (Francisco), agent de D. Antonio. — T. II, 182.
Rodriguez (Manuel), gentilhomme portugais. — T. I, 110.
Rodriguez Barreto (Nuno), conseiller du roi Jean III. — T. I, 74-77.
Rodriguez da Costa (Pedro). — T. III, 22, 29.
Rodriguez do Couto (Salvador). — T. III, 22, 29, 32, 35.
Roiz. — Voir Rodriguez.
Rojas (Diego de). — T. I, 291 n. 4.
Roken (bataille d'*Er*-). — T. I, 346, 454 et n. 3; 512 et n. 2; 591 n. 2. — T. II, 205-212. — T. III, xvi, xxi.
Rolim (D. Francisco), gentilhomme portugais. — T. I, 238.
Rombo (Gonçalo), gentilhomme portugais. — T. I, 124.
Roque (Francisco), agent espagnol au Maroc. — T. III, 216 et n. 2.
Roque del Espiritu Santo (le Fr.). — T. I, 625 n. 3.
Roquelaure (Antoine de), lieutenant-général en Guyenne. — T. III, lxxiii et n. 4.
Rosales (Jacob), juif marocain. — T. I, 16 et n. 3; 28 et n. 5; 31, 32, 37.
Rosamon (Paul de), forçat français en Espagne. — T. II, 545.
Rosette. — Voir Cuivre.
Rouen. — T. I, 303-307. — T. II, 101-103, 135, 143, 145, 183, 416. — T. III, lxiv, lxxxvii, 743.
Rozée (la maison), de Rouen. — T. III, lix, 552, 553, 711 n. 2.
Ruffin (Honoré), interprète pour la langue arabe. — T. III, 412 n. 2.
Rusquien (Pierre de), alias Peter Ruskin, chef d'escadre français. — T. III, 105 n. 3.
Russy (M^r^ de), résident de France aux Pays-Bas. — T. II, 485 et n. 1; 486, 490, 491.
Rute (Jacob), juif marocain. — T. I, 134, 137.
Ruyl (Albert), ambassadeur des Pays-Bas au Maroc. — T. I, iv. — T. III, xlvi, lx, lxiii et n. 2; 731 et n. 1.
Rysbergen (Martin), amiral néerlandais. — T. II, 534 n. 2.
Sa ou Saa (Francisco de), régent de Portugal. — T. I, 435 et n. 8; 469 et n. 1; 527 et n. 3; 574, 587 n. 2.
Sa ou Saa (João Rodrigues de), conseiller du roi Jean III. — T. I. 46.
Sa ou Saa (Pero de), gentilhomme portugais. — T. I, 238.
Safeïa ou Sofia (Lella), sœur de Moulay Zidân. — T. II, 332. — T. III, xviii, 378 et n. 6. — *Généal. saad.*, n. 28.
Saffer, caïd. — T. III, 466.
Safi. — T. I, 23 n. 1; 111, 119, 125, 129, 130, 141, 147, 231 n. 1; 305, 421 et n. 8; 441, 583 n. 6; 637. — T. II, 34, 38, 133-135, 143, 144, 181, 198, 245, 252-254, 263, 264, 267, 307, 331, 334, 336, 393, 394, 399, 409, 413, 415, 541. — T. III, xviii et n. 6; xxxi, xxxiv et n. 4; xxxv, xliii, xliv, xlvi, xlvii, liv, lvi, lvii, lix-lxi, lxiii-lxv, lxvii, lxviii n. 1; lxx, lxxi, lxxv, lxxix, lxxxiv, lxxxvii, lxxxviii, ci, 2 et n. 5; 6, 20-22, 24-26, 28, 31, 33, 45-50, 109, 143, 145, 154, 176, 180, 181, 202, 203, 213, 216, 217, 247, 249, 250, 254, 257, 258, 260, 261, 267 et n. 2; 269 et n. 1; 271, 291, 297 et n. 2; 298, 310, 311, 312, 313, 315-318, 323-325, 327 et n. 2; 328,

338, 340-342, 347, 353, 359, 360, 368, 384, 391-394, 404, 433, 442, 447, 449, 452, 456, 463, 467, 468, 470, 472 et n. 2; 487, 488, 504, 510, 513, 517-521, 543, 554, 568, 587, 700, 701, 704, 705, 714, 715, 717, 722, 725, 732 et n. 1; 734 et n. 1; 735, 738 et n. 2; 739 et n. 1; 751.

Safi (abandon éventuel de). — T. I, 43-106.

Safi (évacuation de). — T. I, 131 n. 6; 139, 141 n. 3; 147, 412 n. 5.

Safi (église et couvents de). — T. III, 95.

Safi (gouverneurs de). — T. III, LXVII, 107, 249, 261, 269, 291, 311, 312, 316, 321, 322, 324, 326, 327, 447, 480, 508.

Safi (projets français sur). — T. III, 302.

Sagres. — T. II, 458, 481 et n. 1; 498 et n. 2.

SAHABA ER-RAHMANIA, mère de MOULAY ABD EL-MALEK. — T. I, 504 n. 5.

Sahara (le). — T. I, 274 n. 1; 441 et n. 3. — T. II, 271 et n. 5; 273, 295-297. — T. III, LVIII.

Sahel du Sous (le). — T. III, 583.

SAÏD ADJENOUI, alias RAIZ ACHI CHENUI ou CIDIZAY GENOUY ou ZAETACHINUY, caïd de Salé. — T. III, 637 et n. 1; 639 et n. 1, 2; 640, 671.

SAÏD ED-DOGALI, caïd des Andalous. — T. I, 454 et n. 7; 455, 548 et n. 2; 549, 569, 591, 593 et n. 1; 632. — T. II, 45 et n. 2.

SAÏD, caïd. — T. III, 453-457, 467.

SAINT-AMANS (François d'ISARN, baron de), ambassadeur de France au Maroc. — T. III, c et n. 4.

SAINT-AMOUR, beau-frère de SAINT-MANDRIER. — T. III, XLVII, 114 et n. 2; 142, 143 et n. 1.

SAINT-AULADY (Nicolas de), capitaine de la tour de Cordouan. — T. III, LXXIII n. 6.

SAINT-GOUARD (Jean de VIVONNE, seigneur de), ambassadeur de France en Espagne et à Rome. — T. I, 320-345. — T. II, 2, 8 et n. 1; 13, 18-20, 57 et n. 4; 64, 69, 82-84.

SAINT-MANDRIER (Antoine de SALETTES, seigneur de). — T. I, IV. — T. II, 571 et n. 2; 596 et n. 2. — T. III, XXXIX-XLVII, L-LII, LIV, LV, LVII, LXVII, LXVIII n. 1; 5, 7, 14, 15, 17-19, 32, 51, 52, 54 et n. 5; 56, 57, 100 n. 5; 109 et n. 1; 114 et n. 1; 142 et n. 1; 143, 155 n. 1.

SAINT-PÉ (Jean de), consul de France à Lisbonne. — T. III, 609, 610.

SAINT-PIERRE (le sieur de), capitaine de mortes-payes à Toulon. — T. III XXXIX.

SAINT-SULPICE (Jean d'ÉBRARD, seigneur de), ambassadeur de France en Espagne. — T. I, 213 et n. 2; 215-217, 229 et n. 1; 230, 243-266, 268, 270, 271, 277-279.

Saint-Vincent (le cap). — T. I, 510. — T. II, 317, 380.

Sainte-Croix-du-Cap-de-Guir, alias *Agadir-n-Ighir* ou *Santa-Cruz*. — T. I, 23 n. 1; 44 et n. 1; 58 et n. 1; 75 et n. 4; 76, 99 et n. 1; 111 et n. 3; 202 n. 4; 203 et n. 2, 3; 231 n. 1; 303 et n. 2; 305, 385 et n. 4; 390 et n. 1; 441 et n. 4; 535 et n. 2; 538, 591. — T. II, 133-135, 143, 144, 201, 232, 234, 253 et n. 1; 255 et n. 1; 263, 267, 269 n. 2; 270 et n. 2; 272, 273, 307, 312, 541, 555. — T. III, XXXV, XXXVI, XLIV, LII, LIII, LX et n. 4, XCII, CI, 14 n. 1; 361, 368, 442, 544 et n. 4; 545, 547, 700, 701, 705, 722, 733, 738.

Sainte-Croix-du-Cap-de-Guir (prise de). — T. I, IV n. 1; 106 n. 1; 111 n. 3; 118 et n. 3; 147 et n. 1, 2.

SAINTE-MAURE (île de). — T. III, 61.

SALAGNAC (Jean de GONTAUT, baron de), ambassadeur de France à Constantinople. — T. II, 422 et n. 1; 423.

SALAH EL-KIAHIA, meurtrier de MOULAY MOHAMMED *ech-Cheikh*. — T. I, 295 n. 5; 445 n. 3.

SALAH RAÏS, pacha d'Alger. — T. I, 153 n. 2; 243, 295 n. 5.

SALDANHA (Antonio de), conseiller du roi JEAN III. — T. I, 46.

SALDANHA (Antonio de), gentilhomme portugais captif au Maroc. — T. II, 398 et n. 2, 3, 5.

SALDANHA (Arias de), gentilhomme portugais. — T. III, 277, 278.

Salé. — T. I, 23 n. 1 ; 164, 165 n. 3 ; 207 et n. 4 ; 290 n. 3 ; 441, 457, 537, 632 et n. 7 ; 633 — T. II, 109, 127, 219, 265-267, 277, 289, 290, 307, 339 n. 13 ; 467, 541, 568-570. — T. III, VIII, XXXVI, XLII, LXIII, LXIV, LXIX, LXX, LXXVI, LXXIX, LXXX, LXXXIX, XCI-XCVII, C-CII, 27, 33, 42, 46, 47, 48, 49, 98, 154, 187 n. 2 ; 188-198, 200, 208, 209, 212 et n. 1 ; 213, 215-219, 223, 224, 226-229, 238, 239, 241-244, 246, 248, 249, 254, 257-260, 262, 267-271, 276, 282-286, 290, 291, 293, 294, 306-308, 310, 311, 315, 331-336, 338, 360 et n. 4 ; 364, 368, 370, 371, 374, 375, 392, 404, 455, 473, 476, 477, 480, 509, 512, 514 et n. 2 ; 515, 518, 524, 529-533, 536-542, 544, 548, 549, 552 et n. 5 ; 554, 557-559, 561 et n. 3 ; 564, 568 et n. 2 ; 578-580, 584, 585 et n. 1, 2 ; 587, 619, 620, 629, 639 et n. 2 ; 646 n. 3 ; 668, 670, 679, 680, 700, 702, 720, 722, 724 et n. 7, 8 ; 735, 737 et n. 5 ; 751.

Salé (blocus de). — T. III, 217-243, 270, 271.

Salé (gouverneurs de). — T. III, 194 et n. 5 ; 234, 257, 259, 268, 290, 298, 302 et n. 1 ; 307, 313-315, 339, 364 et n. 5 ; 392, 404, 473, 474 n. 1 ; 476, 480, 491 et n. 4 ; 493, 523 et n. 3 ; 537, 539, 639 et n. 1, 2 ; 671, 702.

Salé (kasba de), aujourd'hui kasba des Oudaïa. — T. III, LXIV, 49, 191-198, 201, 202, 209, 218, 243, 293, 294, 296, 314, 339, 423, 424, 541, 544, 548, 585-588, 702.

Salé (Moriscos à). — T. III, 187-198.

Salé (négociations avec). — T. III, 244-246, 292-296, 298, 302, 304-331, 338-341, 365, 375, 404, 405, 457, 459, 473, 474 n. 1 ; 476, 491, 499-501, 503 et n. 4 ; 523 et n. 3 ; 527, 531 et n. 1 ; 537 et n. 4 ; 538, 588-590.

Salé (vues de). — T. III, Pl. I, 186-187, et Pl. II, 190-191.

Salé-le-Neuf. — Voir *Rbat*.

Salé-le-Vieil. — Voir *Salé*.

SALINAS Y RIBADEO (D. Rodrigo de VILLANDRANDO, comte de), président du conseil de Portugal. — T. II, 432 et n. 1.

Salines, sel. — T. II, 359 n. 2 ; 383. — T. III, XXX, XXXIX et n. 5 ; XLIV, 55, 256, 257, 298-301, 361, 453, 545 n. 4 ; 642, 709 et n. 1.

Salines (les). — Voir *Zima* (sebkha de).

Salpêtre. — T. II, 24, 107 n. 8 ; 108. — T. III, IX, XLII et n. 4 ; 50, 122, 123, 722.

SAN GERMAN (D. Juan de MENDOZA, marquis de), général espagnol. — T. II, 463, 475, 481, 488, 492, 494, 495, 501, 503-505, 507 et n. 1 ; 511 et n. 1 ; 515.

San Lucar de Barrameda. — T. I, 219. — T. II, 453 et n. 1. — T. III, XXX, 624.

San Miguel de Ultramar. — Voir *Mamora (El-)*.

Sanaga, Sanhadja. — Voir *Sénégal*.

SANCHE IV, roi de Castille. — T. I, 196 n. 4. — T. III, 95.

SANCY. — Voir HARLAY DE SANCY.

Sangliers. — T. II, 291 et n. 2 ; T. III, 715, 716, 726.

SANNER (Joachim), captif français. — T. III, 235, 238.

SANSON. — Voir ESCOVAR.

SANSON (le capitaine). — Voir NAPOLLON.

SANTA CRUZ. — Voir BAZAN.

Santa Cruz. — Voir *Sainte-Croix*.

Santa Cruz de Mar Pequeña. — T. I, 44 n. 1 ; 108 n. 1.

SANTIAGO. — Voir MONJET et MOUSSA.

SANTIAGO (Juan PARDO DE TAVERA, cardinal de), président du Conseil de Castille. — T. I, 26 n. 1 ; 39 et n. 4.

SANTOS (Rodrigo dos), pilote portugais. — T. II, 147, 161, 168.

SANTURCI Y HOROZCO (Diego de), amiral espagnol. — T. II, 571 et n. 3.

SÃOPAYO (Luiz de). — T. III, 22, 29.

Saoura (oued *Es-*). — T. II, 299, 300.

SARZEDAS (le comte DAS). — Voir SILVEIRA.

SASSELO (Jean de), marseillais. — T. III, XI.

SAUDAL, marocain. — T. III, 388, 389.

SAULI (Bandinello), chef d'escadre de galères. — T. I, 255.

SAUNIER (Nicolas), captif français. — T. III, 684.

SAUVES (Simon de FIZES, baron de), secrétaire d'État. — T. I, 369 n. 1 ; 677.

SAVOIE (Emmanuel-Philibert, prince de), amiral espagnol. — T. II, 462, 464.

SAVOIE (ducs de). — T. III, VI, VII, XL. — Voir EMMANUEL-PHILIBERT et CHARLES-EMMANUEL.

SAVOIE. — Voir SOISSONS.

SAYAS. — Voir ÇAYAS.

SAYOTE (Mr de), gentilhomme de la suite de PITON. — T. I, 18 n. 1 ; 27, 31-33, 35.

SCALIGER, orientaliste. — T. III, XXIV.

SÉBASTIEN (D.), roi de Portugal. — T. I, 95 n. 1 ; 232, 240 et n. 2 ; 272, 302 et n. 2 ; 308, 310-313, 315-317, 321, 329, 330, 332, 339-341, 343-345, 350, 377-384, 388, 392-394, 396, 397 et n. 1 ; 401, 403 n. 5 ; 404, 410-436, 453, 454, 456 et n 5 ; 462-510, 512-522, 524-547, 550-552, 555-559, 561-565, 567 et n. 3 ; 568-572, 575-582, 585-590, 592, 594-600, 605-608, 610, 612-616, 620-624, 633, 635-647, 649-654, 656 et n. 4 ; 658-668, 670-677. — T. II, 14 n. 1 ; 32, 52 et n. 1 ; 205, 207, 332 et n. 5 ; 410, 466. — T. III, V et n. 6 ; VIII, XI, 363 et n. 6 ; 701 et n. 2 ; 720 et n. 1, 2 ; 739 et n. 1, 2.

SÉBASTIEN (ordre de bataille de l'armée de D.). — T. I, 661.

Sebou (oued). — T. I, 203 n. 3 ; 537 et n. 1. — T. II, 222 n. 1 ; 266 n. 4 ; 284, 289. — T. III, XLII, 623.

Sefrou. — T. II, 282 et n. 2 ; 289, 310.

Seguia el-Djedida (Es-). — T. II, 260 et n. 4.

Seguia el-Hamra (Es-). — T. I, 274 n. 1.

SEGURA (André de). — T. II, 547.

Seinal. — T. I, 70 n. 1 ; 174 n. 3 ; 198.

SEIXAS (Simon de). — T. I, 57, 90.

Seksaoua (Djebel). — T. II, 96 n. 2.

SEKSAOUA (les), tribu. — T. I, 303 n. 5.

SELIM II (le sultan). — T, I, 299 n. 3 ; 450 n. 1 ; 631 et n. 4. — T. III, VII.

SEMION, vice-consul français à Tétouan. — T. XCIX.

SENECEY (Henri de BAUFFREMONT, baron de), ambassadeur de France en Espagne. — T. III, LII.

Sénégal, fleuve et région. — T. I, 631 et n. 1. — T. II, 232, 233, 236, 271 n. 2 ; 273, 311. — T. III, 711, 717.

SEQUEIRA. — Voir LOPEZ et VAZ.

SERAFFI (Hieronimo), colonel de soldats italiens. — T. I, 433.

SERRADO (João), provisor de Mazagan. — T. III, 29, 35, 37, 42, 46.

SERRANO (Dr Andres), magistrat portugais. — T. I, 22, 23.

SERRANO (le P. Jorge), jésuite. — T I, 570.

SESSA (Gonzalo FERNANDEZ DE CORDOBA, duc de). — T. I, 289, 295, 329 et n. 4.

SEURRE (Michel de), ambassadeur de France en Angleterre. — T. I, 204 et n. 5 ; 221 et n. 1.

Séville. — T. I, 205, 219, 227, 284. — T. II, 482, 493, 494. — T. III, LXXXIV, 95, 96.

SFORZA (Alessandro). — T. I, 314 n. 2.

SFORZA (Luigi ou Lodovico), aventurier milanais. — T. I, IV, 314 et n. 2 ; 315.

SHERLEY (Anthony), ambassadeur de l'empereur RODOLPHE au Maroc. — T. I, IV. — T. II, 331 n. 2 ; 332, 334, 336-339, 342 et n. 2 ; 345-348, 350, 353, 398 n. 5. — T. III, XVIII et n. 7 ; XIX, XXIX et n. 5.

Sicile. — T. I, 50, 224, 226. — T. II, 332, 333.

Sidi Bou Chaïb. — T. II, 249 et n. 4.

Sidi Butim. — T. II, 283, 289, 310.

Sidjilmassa. — T. II, 295 et n. 3 ; 296, 297, 311. — T. III, 580, 582.

Sidjilmassa (bataille de). — T. II, 555 n. 2.

SIGUENÇA (Diego SPINOLA, cardinal de). — T. I, 286.

SILVA. — Voir GOMEZ DE SILVA.

SILVA (Alvaro de), fils du comte de Fortela. — T. I, 652.

SILVA (Alvaro de). — Voir PORTALEGRE.

SILVA (Ayres de), évêque de Porto. — T. I, 484 et n. 2 ; 498 et n. 1 ; 567, 586, 613.

SILVA (Diego de), gentilhomme portugais. — T. I, 653.

Silva (Fernão de). — T. I, 659 et n. 6.
Silva (D. Francisco Enriquez de), mestre de camp. — T. III, 633.
Silva (Gonçalo de), évêque de Ceuta. — T. III, 597 n. 1.
Silva (Luiz de), gouverneur de Tanger. — T. I, 217 n. 2.
Silva (Luiz de), conseiller de D. Sébastien. — T. I, 542, 543.
Silva (João ou Juan de), ambassadeur de Philippe II en Portugal, comte de Portalegre. — T. I, 401-403, 464 n. 5 ; 519 et n. 4 ; 520, 552, 562, 563, 571, 586, 600, 601, 613, 625 et n. 2. — T. II, 30 n. 3 ; 52 et n. 2. — T. III, viii.
Silva (Jorge de), régent de Portugal. — T. I, 234, 612, 652.
Silva (Onorato de), gentilhomme portugais. — T. I, 652.
Silva (Pedro de), gouverneur d'Arzila. — T. I, 528 n. 2.
Silva (D. Rodrigo de), amiral espagnol. — T. II, 534 n. 2.
Silva da Cunha (Pero de). — T. III, 22, 29.
Silveira (Bastião de), gentilhomme portugais. — T. I, 238.
Silveira (Diogo de). — T. III, 598, 599.
Silveira (João de), gentilhomme portugais. — T. I, 567.
Silveira (Manoel de), patron de navire. — T. III, 600.
Silveira (D. Rodrigo de), gouverneur de Tanger, comte das Sarzedas. — T. III, 596-601, 604, 606 et n. 3.
Silveira (Vasco de), colonel de gens de pied. — T. I, 521 et n. 2 ; 552 et n. 2 ; 557, 585, 601, 612, 655, 661.
Sim (cap) ou *Ras Tigriouelt*. — T. I, 109 et n. 2.
Sinan Pacha, capitan-pacha. — T. I, 576 n. 4. — T. II, 122 n. 3. — T. III, 754 n. 4.
Sionita (Gabriel), professeur au Collège royal. — T. II, 191 et n. 1.
Sliman (Moulay), sultan filalien. — T. I, 284 n. 5.
Sliman Veneziano, pacha d'Alger. — T. II, 325 n. 1.
Soarez (Antonio). — T. III, 599.
Soarez (D. João), gouverneur de Ceuta, comte de Torres Vedras. — T. III, 596, 647-663.
Sofia (Lella). — Voir Safeïa.
Soissons (Eugène-Maurice de Savoie, comte de). — T. III, lxix n. 1 ; 127 et n. 4.
Soissons (Marie de Bourbon, comtesse de). — T. III, lxix n. 1 ; 127 et n. 5.
Solaks. — T. I, 603 n. 1 ; 618.
Solar (Juan del). — T. III, 633.
Soliman II, sultan de Constantinople. — T. I, 226 et n. 4 ; 227, 347 n. 7 ; 450 et n. 1.
Soliman, renégat espagnol au service de Moulay Abd el-Malek. — T. I, 549.
Soliman, turc au service de Moulay Abd el-Malek. — T. I, 614.
Soliman, chaouch du pacha d'Alger. — T. I, 355 et n. 3 ; 357, 358.
Soliman Cadim, almocadem du Djebel el-Kharroub. — T. III, 423, 424.
Soliman ben Dahar, hornachero. — T. III, 541, 544.
Soliman Katanieh, pacha d'Alger. — T. III, 3 n. 7 ; 4.
Soro de Perea (Domingo), capitaine de galère. — T. II, 545.
Sorognes, chef de pirates au Peñon de Velez. — T. I, 153 n. 2.
Sotomayor (Luis Bermudez de), greffier des galères d'Espagne. — T. II, 531-533.
Soudan. — T. II, 193 et n. 2 ; 233, 235, 311. — T. III, lviii, lix.
Soudan (caravanes du). — T. III, 707-710.
Soueïra el-Kedima. — Voir *Mamora (El-) de Safi*.
Sour el-Assouar. — T. II, 248 et n. 1 ; 267.
Sourdeau, consul de France au Maroc. — T. I, 284 n. 5.
Sourdis (Henri d'Escoubleau de), archevêque de Bordeaux et amiral français. — T. III, 514 et n. 1 ; 515, 529-532.
Soure (Francisco de), gentilhomme portugais. — T. I, 237.
Sous (le). — T. I, 110, 147, 439, 445, 461, 536 et n. 2 ; 635. — T. II, 201,

218 n. 3 ; 219, 237, 261, 262, 269-274, 296, 348, 467, 541, 554. — T. III, xxxv, xcii, xcv, 573 n. 3 ; 580, 583, 700, 701 et n. 4 ; 705, 714.

Sous (chérif du) — Voir MOHAMMED ECH-CHEIKH *el-Mahdi* (MOULAY).

Sous el-Aksa. — T. III, 751.

SOUSA (Alexandro de), gentilhomme portugais. — T. III, 276-278.

SOUSA (Ayres de), conseiller du roi Jean III. — T. I, 46, 90-105.

SOUSA (Diogo de), amiral portugais. — T. I, 345 n. 2 ; 397, 526, 544, 569, 570, 587, 595, 674.

SOUSA (Manoel de), patron de navire. — T. III, 599.

SOUSA (Martim de), gentilhomme portugais. — T. I, 237.

SOUSA (Miguel de). — T. III, 22, 29.

SOUSA (Nicolau de), gentilhomme portugais. — T. I, 147.

SOUSA (Ruy de), gentilhomme portugais. — T. I, 236.

SOUSA (Vasco de), gentilhomme portugais. — T. I, 123, 147.

SOUSA DE CARVALHO (Rodrigo de), gouverneur de Mazagan. — T. I, 384 et n. 3 ; 389, 393.

SPINOLA (Ambroise, marquis de), général espagnol. — T. II, 521 et n. 1.

SPINOLA (Diego). — Voir SIGUENÇA.

SPOLÈTE (le Fr. MARTIN DE). — Voir MARTIN DE SPOLÈTE.

STAFFORD (Sir Edward), alias JULIO, ambassadeur d'Angleterre à Paris. — T. II, 171 et n. 1.

STANHOPE DE HARRINGTON (John, baron), maître des postes. — T. II, 188-190.

STEWART (Francis), chef d'escadre anglais. T. III, 147 n. 1.

STROZZI (Philippe), amiral français. — T. II, 6 et n. 4 ; 8, 9, 11, 136.

STUKELEY ou STUKELY (Thomas), duc ou marquis d'Irlande, colonel de soldats italiens. — T. I, 433 n. 3 ; 466 et n. 2 ; 467, 487, 498 et n. 3 ; 529, 530, 545 et n. 1 ; 551 n. 4 ; 586, 602, 611, 636, 647, 662 et n. 2 ; 664 et n. 5.

STUYLING (Justus), peintre néerlandais. — T. III, L et n. 4.

SUBERVILLE (Jean de), médecin de Henri IV. — T. III, xxv et n. 2.

SUBLET DES NOYERS (François), secrétaire d'État et contrôleur général des Finances. — T. II, 159 n. 3. — T. III, 523, 524, 528.

Succession au trône. — Voir Tanistry.

Sucre, sucreries, canne à sucre. — T. I, 303-306. — T. II, 135, 145, 272 n. 3. — T. III, IV et n. 2 ; 27, 36, 121 n. 3 ; 358, 361 et n. 1 ; 747, 748.

SUJA (Gilbert). — T. III, 565.

SULLY (Maximilien de BÉTHUNE, duc de). — T. II, 452.

SUMERIA (Thomas), marchand génois. — T. I, 30, 32 et n. 2 ; 33.

SUSSEX (Robert RADCLIFFE, comte de), amiral anglais. — T. II, 230 n. 2.

SYLVA. — Voir SILVA.

SYMOES (Alvaro), gentilhomme portugais. — T. I, 124.

TABA. — Voir MOHAMMED TABA.

TABIBE, caïd renégat. — T. I, 619.

Tadjedacht (défilé de). — T. II, 258 n. 4.

Tadla, région. — T. II, 221, 237, 261, 274, 275, 309. — T. III, 2, 578.

Tafetana. — T. I, 108-111. — T. II, 534 n. 2.

Tafilelt, région. — T. I, 112 et n. 2 ; 150 n. 3 ; 451 et n. 3 ; 632. — T. II, 211, 218 et n. 2 ; 237, 295, 296. — T. III, 2, 545, 580-582, 710 n. 1 ; 735 et n. 3, 4.

Tagaoust. — T. II, 271 et n. 1 ; 273, 296, 303, 307. — T. III, 700 et n. 6.

Taguate (bataille de). — T. II, 213-227. — T. III, xvi, xxi.

Tagumadart, région. — T. II, 294 et n. 2 ; 295, 310.

Tahaddart (oued). — T. II, 287 et n. 1 ; 289.

TAHILA. — Voir ADOUB TAHILA.

Tal es-Solthan (oued). — T. II, 260 et n. 1 ; 262, 265.

TAMBERG (Martin de BOURGOGNE, seigneur de). — T. I, 433 n. 3 ; 530 et n. 2 ; 545, 563, 585, 602, 611, 658 n. 2.

TAMERLAN. — T. I, 421 et n. 2.
Tamesna, région. — T. I, 410 et n. 4; 468 et n. 3; 536 et n. 4; 592 et n. 1, 2; 631 et n. 1; 639 et n. 3. — T. II, 237, 250, 291, 292. — T. III, 542.
Tanger. — T. I, 23-25, 28, 31, 34, 36-38, 68 n. 2; 75 et n. 4; 76, 94 n. 3; 97, 217 et n. 2; 222 et n. 2; 223 et n. 5; 227 et n. 2; 240-242, 272, 296, 339, 345 n. 2; 409 et n. 6; 412 et n. 5; 413 n. 4; 453, 462 et n. 2; 463, 470, 476, 500, 501, 507, 517, 522 n. 2; 533, 539, 570, 577 n. 1; 588-590, 622, 635, 639, 647, 653, 658, 665, 667 n. 5; 672, 673 et n. 3; 674. — T. II, 115, 286-288, 290, 307, 320, 398, 410, 449 et n. 2; 466, 487. — T. III, 194, 198, 280, 366, 367, 422, 427, 596-601, 602-604, 606-608, 647-663, 700 et n. 4; 702, 703 et n. 2, 3; 736 et n. 5; 737.
Tanger (églises et couvents de). — T. III, 95.
Tanger (évêque de). — T. III, 599, 601.
Tanger (sortie des troupes de). — T. III, 275-281.
Tanger (projet de cession à la France de). — T. III, 609, 611, 612 et n. 1; 685-688, 690.
Tanistry, régime successoral. — T. I, 443 n. 4; 582 n. 5; 584 n. 3.
Taoursit. — T. II, 300 et n. 8 et 10.
TARAY (Jean), commissaire de la marine de Ponant. — T. III, 534.
TARDES (Mr de), gentilhomme de la suite de PITON. — T. I, 18 n. 1; 27 et n. 2; 29, 31-33, 35.
Targa. — T. I, 137 et n. 4. — T. III, 424.
Taroudant. — T. I, 43, 109 n. 7; 110, 274 n. 1; 440 et n. 2; 303 et n. 4; 305. — T. II, 219, 220, 269, 272, 273, 309. — T. III, 360 et n. 6, 7; 366 et n. 1; 372 et n. 3; 583, 700, 714 et n. 3; 722.
Tasfaout. — T. II, 300 n. 7 et 10.
TASSIS (Juan Bautista de), résident d'Espagne à Paris. — T. II, 98 n. 4; 101-104, 118.
TAVARES (Francisco de), gentilhomme portugais. — T. I, 124, 127, 147.
TAVEIRA (Pedro), gentilhomme portugais. — T. I, 124.
TAVERA. — Voir SANTIAGO.
TAVORA (Alvaro PIRES DE), mestre de camp des soldats de Tanger. — T. I, 487, 498, 551, 613, 614, 618, 624, 641, 644, 647, 652
TAVORA (Cristovão PIRES DE), grand écuyer de D. Sébastien. — T. I, 498, 526, 551, 564, 567, 586, 613 n. 6; 615, 616, 647, 655.
TAVORA (Francisco PIRES DE), colonel de gens de pied portugais. — T. I, 521 et n. 2; 530, 533, 552, 557, 562, 585, 601, 610, 612, 655 et n. 7; 661.
TAXISTRE (Étienne), captif français. — T. III, 756, 757.
Taza. — T. I, 632. — T. II, 208 n. 3; 215 n. 3; 284 et n. 4; 285, 289, 290, 310. — T. III, 582.
Tazrout. — T. III, 248 et n. 4.
Teghazza. — T. III, 545 et n. 4; 709 et n. 1.
TEIXEIRA ou TEXEDA, religieux, agent de D. ANTONIO. — T. II, 147, 176.
Telde. — T. I, 109.
TENDILLA (comte de). — Voir MONDEJAR (D. Iñigo LOPEZ DE MENDOZA, marquis de).
Tensift (oued). — T. II, 43 et n. 6, 243, 262, 397.
TENTUGAL. — Voir MELLO.
TERZI (Philippe), ingénieur au service de D. SÉBASTIEN. — T. I, 546.
Tessaout (oued). — T. 260 et n. 7; 264, 431 et n. 1.
Tétouan. — T. I, 38, 111 et n. 2; 134, 137, 138, 150, 284 n. 3; 346-348, 357, 441 et n. 5; 535, 637 et n. 5; 663. — T. II, 108, 219, 238, 286, 288-290, 308, 338 et n. 9; 427 et n. 3; 439 et n. 4; 450 n. 1; 467, 475. — T. III, LXXXVI, 8 et 2 n. 2; 194, 195, 273 et n. 2; 362 et n. 1, 2, 3; 367, 422-424, 580, 582, 583 n. 1; 587, 597, 602, 649, 653, 661, 668, 675 et n. 1; 700, 702, 703, 712-714, 736 et n. 2.
Tétouan (rivière de). — T. I, 137 et n. 5. — T. II, 289.
TEVIOT (Andrew RUTHERFORD, comte de),

gouverneur de Tanger. — T. III, 703 n. 3; 737 et n. 3, 4.
TEYVE (Antonio de), grand trésorier de Portugal. — T. I, 234.
Thé. — T. III, 721 et n. 2.
THIBAULT, patron pirate. — T. III, 105 n. 3.
Tibar, libre. — Voir Or, poudre d'or.
Timmi. — T. II, 301 et n. 4; 311.
Timmimoun. — T. II, 297 et n. 5; 300 et n. 9; 301, 311.
Timmoudi, sebkha. — T. II, 299 et n. 8.
Tinzoulin, région. — T. II, 293 et n. 4; 294, 295, 310.
Tissa, kasba. — T. II, 247, 262, 267, 308.
Tit. — T. II, 251 n. 4; 263, 267, 307. — T. III, 316 et n. 1; 367 et n. 1; 368.
TITON DE CERVANTES (Juan), agent de renseignements espagnol. — T. II, 540 et n. 1.
Tlemcen, royaume et ville. — T. I, 55 et n. 1; 441 et n. 1; 442 et n. 2; 444, 445, 447, 449, 451-454, 472 et n. 2; 511, 632. — T. II, 121, 201, 236, 282 et n. 1; 284 et n. 2; 290, 296, 302, 303, 310, 318 et n. 5; 332. — T. III, 583 et n. 4.
Tleta er-Raïçana. — T. I, 546 n. 4.
Toiles. — T. I, 6, 35 et n. 4; 284 et n. 5; 303-306. — T. II, 333. — T. III, 118, 123, 284 n. 5; 430 et n. 1; 724.
TOLÈDE (B. de SANDOVAL Y ROJAS, cardinal de), membre du Conseil d'Espagne. — T. II, 584, 586, 590.
TOLEDO (D. Fadrique de), fils de D. Pedro, amiral de la mer Océane. — T. III, XLV et n. 8; XLVI, LIII, LVI, LVII.
TOLEDO (D. Garcia de), marquis de VILLAFRANCA, amiral espagnol. — T. I, 182 n. 1; 249 n. 1; 256, 260, 266, 272, 273.
TOLEDO (D. Garcia de), duc de FERNANDINA, fils de D. Pedro, général des galères d'Espagne. — T. III, 567, 570.
TOLEDO (D. Pedro de), marquis de VILLAFRANCA, général des galères d'Espagne. — T. II, 445, 462, 464, 516, 519, 522, 530, 537. — T. III, LIII.
Tombeaux saadiens. — T. III, 729.
Tombouctou. — T. I, 112. — T. II, 297 et n. 2; 359. — T. III, LVIII, LIX, 372 et n. 6; 707-709.
TOQUE (M^r de), gentilhomme de la suite de PITON. — T. I, 18 n. 1; 27, 31-33, 35.
TORIBIO DE HERRERA. — Voir HERRERA.
TORRES (A° de), gentilhomme portugais. — T. I, 234, 238.
TORRES (Gil de). — T. III, 61 n. 1.
TORRES VEDRAS. — Voir SOAREZ.
TOSCANE (Ferdinand Ier, grand-duc de). — T. I, 413 n. 6; 521.
Touareg (pays des). — T. II, 232, 233, 303-305, 311.
Touat (le), région. — T. II, 232, 235, 237, 301 et n. 1, 4, 5; 303.
Toulon. — T. III, XXXIX, XL, 523, 524, 526-528.
TREILLAULT (Pierre), apothicaire français au service de MOULAY AHMED *el-Mansour*. — T. II, 206 n. 6; 207 n. 1; 208 n. 1, 3; 211 n. 7; 212 n. 2; 213 et n. 1; 214 et n. 1, 4; 215 n. 1; 223 n. 1; 226 n. 3; 227 n. 1. — T. III, XV et n. 7; XVI et n. 4; XXI.
TREILLEBOIS (M^r de), capitaine de vaisseau français. — T. III, 203 et n. 2; 207, 208, 218, 229, 254 n. 2; 257, 260, 261, 264, 306, 734 et n. 5.
TREVACHE (Eustache), marchand de Rouen. — T. I, 303-305, 307.
TRINITAIRES. — T. III, 95, 96, 555 et n. 3; 556 et n. 1; 557, 559, 560, 562-567, 570, 675.
Tripoli de Barbarie. — T. I, 352 n. 1; 382. — T. III, 71 n. 1; 484, 713.
TROYE (Jacques), captif français. — T. III, 235.
Truites. — T. II, 397 et n. 1; 402.
TRUJILLO (D. Sancho DIAZ DE), évêque de Merrakech. — T. III, 96.
Tunis, royaume et ville. — T. I, 299 n. 3; 321, 329 n. 4; 338, 546, 576 n. 4; 585 n. 3; 596, 638 et n. 2. — T. II, 122 n. 3; 201, 332. — T. III, XIX, 372, 375, 407, 557, 713, 754 n. 4.
Turcs, Turquie. — T. I, 54, 62, 97, 248, 252, 256, 268. — T. II, 124 n. 2; 333. — T. III, IV, V.
Turcs (soldats). — T. I, 548, 569, 631, 634.

TURCS. — T. I, 294 et n. 5 ; 295 n. 5 ; 459 et n. 6, 7 ; 460, 525, 577, 579 et n. 3 ; 603, 604, 663. — T. II, 279 n. 2 ; 328 et n. 2 ; 332, 333, 339, 340, 344, 348, 455. — T. III, XIX, 33, 46, 78-81.

TURCS (ligue contre les). — T. I, 308 et n. 1 ; 310, 320 et n. 2 ; 311 et n. 2 ; 321, 329 et n. 4 ; 332-334, 378, 379.

TURSI (Carlo DORIA, duc de), général des galères de Gênes. — T. II, 380, 439.

TUTCHEN (Jonathan), armateur anglais. — T. III, 519, 521.

UCCIALI. — Voir EULDJ ALI.

URBAIN VIII, pape. — T. III, 59 n. 1.

VACHOT, captif français. — T. III, 157.

VAEZ (Hernan), gentilhomme portugais de Ceuta. — T. I, 23, 24 et n. 5.

VAEZ (Manoel), agent de D. ANTONIO. — T. II, 130.

VAEZ D'AZEVEDO (Melchior), agent du roi de Navarre au Maroc. — T. I, 177 et n. 1 ; 182 et n. 1 ; 193, 194, 197, 199, 202 n. 3 ; 270 n. 2. — T. III, III et n. 2 ; IV.

VAEZ E GAMA (Alexandre), capitaine portugais. — T. I, 611.

VAEZ. — Voir VAZ.

VALACHIE (le prince de). — T. II, 113.

VALDÈS (D. Fernando de), archevêque de Séville. — T. III, 96.

VALDÈS (Gaspar de), mestre de camp espagnol. — T. II, 567, 575.

VALDÈS (D. Pedro de), chef d'escadre espagnol. — T. II, 168.

VALE (Francisco de), gentilhomme portugais. — T. I, 124.

Valence (royaume de). — T. I, 228-289. T. III, XXV et n. 3.

VALENCIA (D. Francisco de), gentilhomme espagnol. — T. II, 30 n. 3.

VALENTE (Matheus). — T. III, 22, 29.

VALENTE DA COSTA (Pero). — T. III, 22, 29, 35-37, 42.

VALOIS. — Voir ÉLISABETH et MARGUERITE.

VALOR (D. Fernando de), alias MOHAMMED BEN OMEÏIA, roi des Moriscos de Grenade. — T. I, 291 n. 4 ; 294.

VAN AERSEN (François), ambassadeur des Pays-Bas en France. — T. II, 580 e n. 7.

VAN ANDERLECHT (Andries), capitaine de gens de pied. — T. I, 379 n. 24.

VAN EGMONT (Cornelius), patron de navire néerlandais. — T. II, 146 n. 2 ; 147, 150, 168.

VAN GOOL (Jacob), dit GOLIUS, orientaliste néerlandais. — T. III, 731 et n. 2.

VAN LIEBERGEN (Abraham), marchand néerlandais. — T. III, LXXXVII, 112 et n. 4 ; 182 et n. 1 ; 257 et n. 2 ; 268 et n. 1 ; 716 et n. 2 ; 719.

VAN LIPPELOO (Paul), marchand néerlandais. — T. II, 368 et n. 1.

VARELA (João DIAZ). — Voir DIAZ VARELA (João).

VARGAS (Bastião de), agent portugais au Maroc. — T. I, 133-138.

VARGAS MANRIQUE (D. Francisco de), chef d'escadre espagnol. — T. III, VII et n. 9.

VARGAS MEXIA (Juan de), ambassadeur d'Espagne en France. — T. II, 1-12, 16-21, 55, 56, 58-66, 79-85. — T. III, IV.

VASCONCELOS (Antonio de), gentilhomme portugais. — T. I, 235.

VASCONCELOS DE MENESES (D. Fernando), évêque de Lamego, conseiller du roi D. JOÃO. — T. I, 57-63.

VASCONCELOS DE MENESES (D. João Luiz), gouverneur de Mazagan. — T. III, 595 n. 2.

VAUCELAS (André de COCHEFILET, baron de), ambassadeur de France en Espagne. — T. II, 480, 492-507, 511-530, 536, 537, 544, 550-552, 556-557, 559-563, 573-578, 582-585, 588-591, 593. — T. III, XXXVIII.

VAZ ALCAFORADO (Juan), agent de D. ANTONIO. — T. II, 181.

VAZ MACHADO (Diogo). — T. III, 599.

VAZ DE SAMPAIO (Fernão), conseiller du roi D. JOÃO. — T. I, 84-87.

VAZ DE SEQUEIRA (Pero), amiral portugais. — T. I, 235.

VAZ DE SOUSA (Martim), gentilhomme portugais. — T. I, 236.

VEGA (Antonio de), agent espagnol en Angleterre. — T. II, 130, 137 n. 1, 146-148.

Velez. — T. I, 135 n. 2 ; 150, 151, 153 n. 2 ; 174 n. 2 ; 190 n. 1 ; 243, 246 n. 2 ; 260, 272, 284. — T. II, 285 et n. 2 ; 289, 290, 310.

Velez (le Peñon de). — T. I, 153 n. 2 ; 182 n. 1 ; 190 et n. 1 ; 243-247, 249 n. 1 ; 252 n. 2 ; 259-261, 263, 265, 267-273, 278, 281, 424 n. 2 ; 442, 462 et n. 2 ; 512 et n. 3 ; 535 n. 1 ; 576 n. 1 ; 635 et n. 3. — T. II, 115, 432 et n. 2 ; 466, 496. — T. III, 72 et n. 1.

VELEZ (roi de). — Voir ABOU HASSOÛN ALI.

VENDÔME. — Voir ALBRET (Jeanne d') et BOURBON (Antoine de).

VENEGAS (le capitaine Matias), parent de P. VENEGAS DE CORDOBA. — T. II, 35 et n. 3 ; 39, 40, 46, 47, 53 n. 2.

VENEGAS DE CORDOBA (D. Pedro), gouverneur de Melilla, ambassadeur d'Espagne au Maroc. — T. I, 246 n. 2 ; 572, 625 et n. 4. — T. II, 30-54, 63, 82, 98, 99 n. 7.

VENEGAS DE LOS RIOS (Pedro), parent de P. VENEGAS DE CORDOBA. — T. II, 35 et n. 3 ; 39, 40, 47, 50, 53 n. 2.

VERGARA, chef d'escadre espagnol. — T. III, 627.

VERTIA (François), facteur français au Maroc. — T. I, 371 et n. 1 ; 372. — T. III, IX, X.

VIC (le sieur de), agent du roi d'Angleterre en France. — T. III, 520, 521.

VIC (Dominique de), gouverneur de Calais. — T. II, 488 et n. 3.

VIDAZABAL (Miguel de), amiral espagnol. — T. II, 568 et n. 6 ; 570 et n. 6.

VIDIGUEIRA (Vasco da GAMA, comte de). — T. I, 567, 586, 613.

VIEIRA (Francisco), fronteiro de Mazagan. — T. I, 160, 162, 165, 166.

VIGUIER (Jean), consul de France en Syrie. — T. III, 16 n. 1.

VILLAFRANCA. — Voir TOLEDO.

VILLAFUERTE (Alonso de), gouverneur de Puerto Santa-Maria. — T. III, 622.

VILLAIN, armateur de Brouage. — T. III, 300, 301.

VILLALOBOS (Juan de), gouverneur du Peñon de Velez. — T I, 153 n. 2.

VILLANUEVA DE BARCARROTA (le marquis de). — T. II, 575 et n. 3.

Villanueva de Portimão. — T. II, 317 et n. 1 ; 445 et n. 2 ; 457, 467, 481.

VILLAREAL (D. Pedro de MENEZES, marquis de), gouverneur de Ceuta. — T. I, 45, 68-73.

VILLAREAL (D. Manuel de MENEZES, marquis de), gouverneur de Ceuta. — T. I, 462 n. 2 ; 512 n. 5 ; 576, 577.

VILLEGAIGNON (Nicolas DURAND DE), navigateur français. — T. I, 213, 214 et n. 1 ; 220 et n. 3 ; 221.

VILLEROY (Nicolas de NEUFVILLE, seigneur de), secrétaire d'État. — T. II, 2, 8, 9, 58, 63, 105, 119, 318 et n. 2 ; 330, 336, 343, 345, 357, 503, 505, 517, 518, 523, 527. — T. III, IX, XVIII, XIX, 5, 7, 8.

VIMIOSO (D. Affonso de PORTUGAL, comte de). — T. I, 541, 542 et n. 1 ; 567, 586, 615, 652 n. 5.

VIMIOSO (D. Francisco de PORTUGAL, comte de), fils du précédent. — T. I, 403 n. 5 ; 528 n. 2 ; 636, 645 et n. 2 ; 646 et n. 1 ; 652 n. 5 ; 653.

VITRY (Nicolas de L'HÔPITAL, duc de), maréchal de France. — T. III, 482 et n. 1, 2.

VITTORIA (Vincenzo), gentilhomme sicilien. — T. III, 61.

VIVONNE. — Voir SAINT-GOUARD.

VOITURE, écrivain français. — T. III, LXXXIV-LXXXVII.

WALSINGHAM (Sir Francis), secrétaire d'État anglais. — T. II, 157, 158, 164, 186.

WASTON (Luke), patron de navire anglais. — T. III, LXXV, LXXVI, 516-520.

WASTON (Robert), fils du précédent. — T. III, 518, 520, 521.

WESTON (Roger), armateur anglais. — T. III, 519, 521.

WORMON. — Voir DUVENVOORDE.

WOUTERS (Liévin), receveur général des finances des Pays-Bas. — T. I, 275 et n. 1.

Xariffe (D. Felipe). — Voir Ech-Cheikh (Moulay).
Xeque. — Voir Ech-Cheikh et Mohammed ech-Cheikh.
Yacoub *el-Mansour*, souverain almohade. — T. I, 174 n. 3 ; 207 et n 1 ; 468 n 3. — T. III, 555 et n. 5.
Yahia. — Voir Abou Zakaria Yahia.
Yahia Raïs, caïd du Peñon de Velez. — T. I, 243 n. 5.
Yahia ben Abdallah ben Saïd *el-Hahi*, marabout du Deren. — T. II, 555 n. 4 ; 578 et n. 2. — T. III, LIV et n. 8 ; LXV, 18 et n. 3 ; 20 et n. 4 ; 21 et n. 1 ; 27, 40 et n. 7 ; 41, 45, 47, 48, 50, 54 et n. 2 ; 215 et n. 2 ; 361 et n. 5 ; 704 et n. 2.
Yahia ben Messaoud (Baba), caïd de Meknès. — T. I, 168 et n. 1.
Yahia ben Mohammed el-Djennati, caïd. — T. III, LXXI, 26 n. 1 ; 31, 353 n. 1 ; 354 et n. 1 ; 429 n. 3 ; 448 et n. 3 ; 450-459, 464 et n. 2 ; 465-468.
Yeuses (Chênes-). — T. II, 244 et n. 2 ; 245 et n. 5.
Youssef Biscaïno, caïd andalou, ambassadeur aux Pays-Bas. — T. III, 190 n. 10.
Youssef *el-Mostancir bi-Allah*, souverain almohade. — T. III, 94.
Youssef ben Tachefin, souverain almoravide. — T. I, 468 n. 3. — T. II, 257 n. 4.
Za (oued). — T. II, 283 et n. 3 ; 289.
Zaetachinuy. — Voir Saïd Adjenoui.
Zaffarines (les îles). — T. III, CIII.
Zahra (Lella), femme d'un prince mérinide. — T. I, 274 n. 1.
Zaïan (les), tribu. — T III, 578.
Zalagh (Djebel). — T. II, 280 et n. 2.
Zaouïa. — Voir *Dila*.
Zapata (le cardinal Antonio), vice-roi de Naples. — T. III, 60 et n. 2 ; 61.
Zarouri (Ez-). — Voir Abd el-Aziz.
Zehroun (Djebel). — T. II, 277 et n. 2.
Zeïan, prince mérinide, vice-roi de Meknès. — T. I, 422 et n. 2, 9 ; 423.
Zenaga (les), collectivité indigène. — T. II, 467 et n. 3. — T. III, XII, 586 et n. 5.
Zenata (les), collectivité indigène. — T. I, 468 n. 3.
Zendrera (Francisco Fernandez de), officier espagnol. — T. III, 616, 617.
Zidân (Moulay), prince saadien, fils de Moulay Ahmed *el-Aaredj*. — T. I, 150 et n. 3. — *Généal. Saad.*, n. 5.
Zidân *Abou Maali* (Moulay), sultan saadien, fils de Moulay Ahmed *el-Mansour*. — T. II, 275 n. 2 ; 326 et n. 2 ; 329 et n. 3 ; 338 n. 8 ; 339 et n. 2 ; 348 et n. 4 ; 370 et n. 2 ; 372, 373, 378, 403, 414, 417, 420, 427-429, 433, 437, 444 et n. 1 ; 445, 447, 449 et n. 2 ; 450 et n. 1 ; 455, 464 et n. 2, 3, 4 ; 466, 467, 471, 486, 495, 501, 509, 513, 525, 528, 534, 541-544, 553-555, 557, 562, 568, 578, 580, 583, 584, 590, 592-594, 600, 601. — T. III, XIX, XXIV, XXXV-XXXVII, XLI, XLII, XLIV-LII, LIV-LVII, LX, LXII, LXV-LXVIII, 1-6, 12, 14 et n. 1 ; 17, 18, 20-23, 25-28, 31, 33-38, 40-42, 44-50, 51, 54, 97, 101 et n. 1, 2, 3 ; 106, 108-110, 120, 126, 127, 131, 135-137, 142, 143, 145, 149-152, 154-157, 162 et n. 1 ; 189-191, 193, 215 et n. 2 ; 216, 395, 562, 573, 577, 704 et n. 1 ; 706, 708, 724-726, 731-735. — *Généal. Saad.*, n. 25.
Zima (sebkha de). — T. II, 254 et n. 2 ; 264.
Zongo Ondedei (Joseph), évêque de Fréjus. — T. III, 690 et n. 1.
Zouaoua (les), tribus algériennes. — T. I, 452 et n. 2 ; 456 n. 1 ; 604 et n. 1. — T. II, 260 n. 6 ; 591-593, 604, 608, 610, 625.
Zuñiga (D. Diego de), ambassadeur d'Espagne en France. — T. I, 325 et n. 1 ; 328.
Zuñiga (le capitaine Francisco), agent espagnol au Maroc. — T. I, 350, 582, 645 n. 3.

CHARTRES. — IMPRIMERIE DURAND, RUE FULBERT (9-1926).

LES SOURCES INÉDITES
DE
L'HISTOIRE DU MAROC

Première Série. — **Dynastie Saadienne (1530-1660).**

SOUS-SÉRIES

I. Archives et Bibliothèques de France.	— Trois volumes parus *(complet).*
Bibliographie et Index Général. . . .	— Un fascicule.
II. Archives et Bibliothèques des Pays-Bas.	— Six volumes parus *(complet).*
III. Archives et Bibliothèques d'Angleterre.	Deux volumes parus ; le troisième et dernier en préparation.
IV. Archives et Bibliothèques d'Espagne.	Premier volume paru ; second en préparation.
V. Archives et Bibliothèques de Portugal.	— En préparation.
VI. Dépôts divers (Italie, Autriche, Belgique, Allemagne, Russie, Suisse).	En préparation.

Deuxième Série. — **Dynastie Filalienne (1661-1757).**

I. Archives et Bibliothèques de France.	Deux volumes parus ; un troisième sous presse.

Troisième Série. — **Dynastie Filalienne (1757-1845).**

CHARTRES. — IMPRIMERIE DURAND, RUE FULBERT.

www.ingramcontent.com/pod-product-compliance
Ingram Content Group UK Ltd.
Pitfield, Milton Keynes, MK11 3LW, UK
UKHW022121190726
13855UKWH00003B/989